춤추는 마을
만들기

동피랑 벽화마을에서
시작된 작은 기적

춤추는 마을
만들기

글 윤미숙

남해의봄날 ●

목차

마을 이야기 하나

통영항의 동쪽 언덕 위 마을, 색을 입다
동피랑 벽화마을 이야기

섬섬옥수로 엮었네

에코아일랜드 연대도

마을 이야기 셋

구도심 재생이 머꼬?
통영 강구안 푸른 골목 만들기

'우리 마을 좀 딜다 봐주라'

사람을 처음 만나면 꼭 듣는 질문이 있다. 마을 만들기 일을 하고 있는 곳, 즉 "푸른통영21이 뭐 하는 단체예요?" 하는 물음이다. "지방의제 추진 기구인데요" 답하면 "지방의제는 또 뭐예요?" 질문이 돌아오고, "음, 그건 로컬 어젠다21(Local Agenda 21)이라고도 하는데 20여 년 전 유엔에서 시작된 지구 환경에 대한 국가정상회의에서 출발했고요, 지역별 의제 발굴과 실천, 교육을 망라하는 단체인데……" 하다 보면 설명하는 사람도 머쓱하고 듣는 사람도 그렇다.

자고로 설명이 긴 곳 치고 잘되는 곳 못 봤다. 내가 몸담고 있는 푸른 통영21은 21세기 지구촌의 약속을 실천하는 지역 조직이며 그 주제는 '지속가능한 발전'이다. 이쯤에서 또 질문이 들어온다. "지속가능한 발전은 뭐예요?" 답하자면 또 한참 걸린다.

마을은 지속가능한 개발을 실현할 수 있는 적합한 공간이다. 거기 사람이 있고 터전과 역사, 문화와 경관이 있으니 사전 계획을 주민들 속에 보따리를 풀듯 풀어놓고 협의하고 간추려 실행해 나가기 마땅한 공간이다. 불특정 다수를 향하여 공중에 대고 외치는 지속가능한 발전에 대한 개념 소음에 신물이 날 즈음에 작은 단위, 즉 마을을 주목하게 되었다. 어차피 도시는 크고 작은 마을의 집합체다. 지방의제가 마을에 주목하는 것은 당연한 의무다. 그 속에 맞춤형 '교육'이 필요하고 소통을 위한 잡다한 '기술', 즉 부자재가 동원된다.

마을 이야기를 가지고 책을 내보자는 제안에 처음에는 무척 난감했다.

한여름 땡볕에 서서 죄 없는 토끼풀만 문댔다. 마을, 이 마을, 저 마을, 그 마을, 또 요 마을……. 그동안 한 일이 엉켜 잘 기억나지 않았고 무슨 대단한 일을 한 것도 없는데 책이라고 떡하니 나와버리면 그 우세스러움을 어찌 감당할까 싶어 망설였다. 그러다 결국 '기록이나 한번 해놓자'는 생각에서 시작하게 되었다. 10년 가까이 마을에서 마을로 다녀놓고도 변변한 기록이 하나도 없어서 만나는 사람들한테 고작 리플릿 한 장 건네고 계속 '주디'로만 때워야 하는 일이 못내 미안하기도 했다. 제대로 된 보고서라도 하나 만들기는 해야 할 텐데 하면서도 솔직히 그걸 하고 앉아 있을 시간이 없었다.

지금도 어디 가면 "우리 마을 좀 딜다 봐주라"는 이장님들을 자주 만난다. 몇 번이나 청을 듣고도 마을에 찾아 가지 않으니까 대통령 만나기보다 더 어렵다고 대놓고 욕도 하신다. 그러나 마을에 딱, 갔다 하면 그날부터 일이 줄줄이 고구마 줄기처럼 딸려 올 텐데 싶어 근처로 지나가도 고개를 한쪽으로 꼬고 지나가 버리는 경우가 많다. 그래도 어찌저찌 시간을 만들어 한번 들여다봐야 할 텐데 싶어서 마음이 무척 무겁다.

어쩌다 마을 전문가가 되어서는 여기저기 바쁘게 불려다닌다. 그때도 역시나 마음이 편치 않다. 안 가겠다고 버텨보지만 이곳저곳 매인 인연줄에 거절이 더 어렵다. 몇 안 되는 전국의 마을 활동가들끼리 상호 부조인 셈이다. 가 보면 역시나 어무이들 아부지들이 김치 냄새 나는 경로당에서, 마을회관에서 옹기종기 앉아서 기다리고 계신다. "그냥 우리 동네 이바구(이야기)나 쪼매 들려 드릴 테니 단디 들어보시고 내삘 거는 내삐고 참고할 만한 거만 챙기보이소" 하며 마을 이야기에 대한 말문을 연다.

마을에 가서 소통, 커뮤니티 디자인, 파트너십, 지역순환경제, 지속가능한 발전, 주민주도형 마을 만들기, 콘텐츠, 콘셉트, 스토리텔링, 생태공동체, 외국 사례 이런 이야기를 하면 대번에 욕먹는다. 대놓고 욕은 못 하고 눈 감고 자 버리는 것으로 대신한다. 마을에 가서 어른들하고 이야기할 때는 지극히 촌말로, 생활 말씨로 해야 한다. 마음도 그리 먹고 가야 된다. 마을 일을 하면서 배운 게 정말 많다. 어찌 다 말로 할 수 있을까.

마을 사람들을 만나서 경로당 따뜻한 방바닥에 모여 앉아서 강의랍시고 하는 이야기들을 이 책에 옮겨 놨다. 사실 전부 다는 아니고 기억나는 대로 자료를 뒤져가면서, 없는 것은 모르겠고 있는 것만 모았다. 기억나는 것도 있고 바보 같이 죄다 까먹은 것도 많은데 그냥 이야기하듯이 모아 봤다. 동피랑은 어떻고, 연대도는 어떻고, 강구안 골목은 저떻고, 잘된 거, 잘못된 거 있는 그대로 넣으려고 했다.

"만다꼬 그런 일로 합니까?" 사람들은 가끔 내게 그런 쓸데없는 질문을 한다. '뭐 한다고 하기는! 주어진 일이니까 하는 것이지' 하고 속으로는 구시렁거린다. 특별히 무슨 목적이 따로 있을 리 있겠는가. "이래저래 뜻 통하는 착한 사람들이 선한 주민들하고 어울려서 먹고 놀고 이야기 듣고 어찌어찌 하다보니까 그만 이렇게 되었습니다" 그러면 입을 삐쭉한다. 잘난 척 하는 것처럼 들리는 모양이다. '그라모 입 아푸거로 말로 만다끼 시키노?' 차마 내뱉지는 못하고 속엣말을 한다.

옹기종기 어깨동무 하듯이 나란히 엎드린 마을에 가면 마음이 편안하고 행복하다. 모두 어무이, 아부지, 조모, 할부지 같아 절로 웃음이 난다. 적은 예산이라도 있어서 마을을 예쁘게 만들고, 할매, 할배들이 몸 움직이고 다니면서 작지만 용돈이라도 벌면서 같이 재미나게 살다 죽으면 얼마나 좋겠는가 싶다. 주민들과 공부한답시고 이런저런 궁리를 하고 그런 시간이 참 좋았다. 작은 재주지만 어떻게든 좀 거들어주고 싶은 마음이 생긴다. 이 놈의 눈먼 돈을 어떻게 좀 끌어와서 요리조리 가꾸면 이 마을 좀 좋아지겠구나 싶다.

이제는 지나가다 들른 남의 동네만 쳐다봐도 그런 궁리가 생긴다. 뭐 눈에 뭐밖에 안 보인다 하더니만 딱 그 짝이다. 기왕 있는 마을 더 예쁘게, 더 야물게 만들기. 물론 그 과정이야 결코 쉬운 일이 아니어서 어떤 때는 질질 눈물 짜고 다니기도 하지만, 어려운 일들은 지나가는 손님이지 오래 머무는 주인은 아니었다. 혼자서 되는 일은 죽는 일 뿐이라고 하지 않던가. 살아서는 어찌하든 서로 거들어야 잘 사는 것이라는 게 마을에 갈 적마다 드는 생각이다. 쓸데없는 비난 말고 부조, 말 부조 말고 손 부조, 발 부조가 절실한 데가 마을이다.

　　2015년이면 동피랑 마을과 사귄 지 10년이다. 연대도도 마찬가지. 이제 강구안을 지나 서피랑 마을로 들어섰다. 이제는 욕지도로 갈 예정이다. 남달리 어려운 여건 속에서 기꺼이 마음을 내어 함께해 준 마을 사람들, 언제나 토닥토닥 등 두들겨주고 손바닥 꾹꾹 눌러주는 마을 주민들께 지면으로나마 큰절 드린다.

　　힘껏 일에만 전념할 수 있도록 늘 넉넉히 배려해주신 존경하는 김형진 위원장을 비롯, 푸른통영21을 거쳐가신 위원님들 모두에게 깊은 감사를 드린다. 함께 일한 통영시청 관련 많은 공무원들, 다들 너무 멋졌어요! 무엇보다 위관옥, 유정미, 정상일 사무국 동료들에게 함께 일할 수 있어서 행복했다는 말을 꼭 전하고 싶다. 나의 고운 벗이자 생의 동반자 김일환 님께도 깊은 사랑과 감사의 마음을 전한다. 책이 나오기까지 부드럽게 독촉해 준 남해의봄날 장혜원 팀장, 정은영 대표께도 인사드린다. 그대의 제안이 없었다면 못 나올 책이었다. 일과 원고가 시시각각 압박하는 책무의 나날이었지만 글을 쓰면서 반성과 희망을 곱씹어 보는 좋은 시간이었다.

　　2014년 개울, 눈도 안 옴서 억수로 칩은 날에 윤미숙 쓰다.

　　　　　　　　　　　　　　　　　　　　　　　　　프롤로그

마을

만들기의

시작

동피랑 사람들과의 만남

처음, 동피랑 마을을 입속에서 부르던 때가 생각난다. 동피랑 서피랑 동피랑 피랑 피랑 하다 보니 입에서 휘파람 소리가 났다. 차갑고 냉정한 겨울바람이 동피랑 골목을 헤집던 2007년 겨울 초입, 먼지조차 고요하게 엎드린 골목을 올랐다. 제 사는 집 지붕 자주 쳐다보지 않듯 시가지 한가운데 동피랑 언덕을 이고서도 어째 지금까지 고개 한번 돌리지 않았을까, 가깝고도 먼 곳, 바위 위에 핀 한 무더기 층꽃처럼 파리한 보라색으로 동피랑은 거기 있었다. 오줌 무늬 얼룩진 벽으로 바람을 막고, 덧칠마저 벗겨진 골목에서 아무데나 똥을 싸는 강아지 형제를 만나면서 동피랑에 대한 미련과 애착은 시작되었다.

과거를 묻지 마세요

모처럼 손님이 없는 한가한 오후, 동피랑 구판장에 모인 할매들이 동피랑에서의 지난 삶을 이야기한다.

"나전칠기 일로 띠가이고 와서 하다가 아이엠에푸 때 폭삭 쥐박아 가이고 갈 데는 엄꼬 해서 이 몬당(언덕, 산꼭대기)까지 올라온 이바구를 내가 다 할라카모 일주일이 지나도 모지랜다. 참 생각만 해도 눈물 나서 우찌 말로 다 하겠노!"

질세라 옆에서도 이야기가 터져 나온다.

"내는 치매 폭에 돌 담아가이고 저으개 갱물(바다)로 무르팍에 물이 슬슬 차오르는데 우떤 사람이 뒤서 붙잡대. 이래 젊은 사람이 그런 생각을 하모 몬씬다 캄서. 머리가 허연 영감이 땡기는 기라. 그래 몬죽고 다시 기 올라 왔지."

"하이고 내도 앞치마 한거석(한가득) 돌무디기를 싸가이고 쪼매 높은 데서 갱물에 뛰내릴라 카이 돌이 무겁아서 그런가 안 떠지는 기라. 그래 돌을 이만치 내라놓고 다시 뛸라카이 그제서야 시퍼런 물이 눈이 들오는 기 무섬증이 화락 나는 기라. 그래 고마 울다가 울다가 돌아왔니라."

하필이면 자리에 모인 세 할매 모두 통영 바다에 빠져 하직할 뻔했던 추억도 아닌 쓰라린 기억을 갖고 계신다. 우연일까? 산동네 달동네 삶을 이어온 사람들치고 한두 번 죽을 결심을 안 해본 사람도 드물겠지만, 육칠십 대 세 명이 모인 자리, 또 하필이면 모두 돌덩이를 끌어안았을까. 가슴 팍에 돌덩이 같은 설움이 뭉쳐 있다보니 세상 떠나겠다 싶던 때도 돌이 먼저 보였는가 보다.

동백꽃 황두리 할머니

동피랑 골목을 휘적휘적 올랐을 때 꼭대기 조금 못 미처 초가삼간도 아니고 슬레이트 한 칸짜리 집을 만났다. 더도 덜도 말고 밖에서 신발 벗으면 바로 안방으로 들어가는 딱 한 칸짜리 방이었다. 그 집에는 늘 방문을 빼꼼히 열어놓고 머리가 하얀 할매가 화투 패를 뜨고 있었다.

"조모, 오늘 패 좋습니까?"

"언냐(그래), 어데서 왔노? 오늘은 손님이 오것네, 국시도 묵것고!"

자리에서 일어나지 못해서 매일 앉거나 누워서 지내는 할머니 옆에 아들임이 분명한 사십 대 초중반의 사내 하나가 볼 적마다 누워 자고 있었다. 알코올에 젖어 있는 것이 분명한 몰골의 사내였다. 가끔 낚싯대를 메고 골목을 내려가기도 했고, 검게 그을린 부엌에서 새카만 냄비에 잡아온 물고기를 넣고 뭔가를 끓이기도 했다. 할매가 워낙 얌전한 분이었는지 그 좁은 단칸방에서도 사이는 나빠 보이지 않았다.

할머니 집 벽에도 벽화를 그리겠다고 했을 때, 다리가 아파서 바깥나들이를 통 못 하는 할매는 "동백꽃을 기리 주라"고 부탁했다. 1차 벽화전 때 할머니가 문만 열면 잘 볼 수 있도록 맞은편 벽에 붉은 동백을 커다랗게 그렸고, 할머니 사시는 집 벽에도 동백꽃을 잎과 함께 큼직하게 그렸다. 벽화전에 참여한 대학생들은 작은 메모도 함께 적었다. '황두리 할머니 건강하세요.'

그림이 완성되자 할머니 얼굴에 웃음꽃이 피었다.

"을씨구나, 참 좋네. 우리 집 담벼락에 돔박꽃이 피었네."

지금도 동피랑을 오르면 항상 한자리에 앉아서 화투 패를 뜨던, 어느 날 문득 하늘나라로 떠나신 황두리 할머니가 떠오른다. "자던 잠에 갔니라"

고 동네 사람들이 말했다. 그 후로 댓돌 위에 가지런하던 할머니의 낡은 신도 없고 문이 자주 닫혀 있다. 아들은 공사장에 일하러 다닌다고 한다.

동피랑 풍경 3

백 살 할머니

백 살이 다 된 할매가 동피랑 꼭대기 집에 살았다. 지금은 근처 요양원에서 지내신다니 이제 백세 살이시다. 올해로 여든 되신 김필수 할매의 시어머니이신 엄현업 할매. 할부지는 오래전 먼 길 떠나시고 여든 넘은 시누이, 그러니까 할머니의 딸과 며느리 세 분이 함께 산다. 여든 살까지 시어머니 모시려면 힘들겠다고 생각하겠지만 사정을 들어보면 별로 그렇지도 않다. 늙은 며느리는 백 살이 다 되어가는 시어머니와 맞담배도 태우시고, 시어머니는 며느리에게 너무 오래 살아서 미안하다고 자주 말했다. 그래도 스스로 속곳을 빨아 널 정도로 정정하시다가 동피랑 벽화전 이후 사람들이 들락거리자 시끄러워서 도저히 못 살겠다고, 옆집 살던 아들네 이사할 때 함께 보상 받아서 조그만 아파트로 이사 가셨다. 하지만 일주일도 못 되어 동피랑으로 되돌아와서 최근까지 살다가 기력이 쇠해서 요양원으로 가셨다. 두 분 다 귀가 어두워서 대화는 서로 엇갈리지만 세월이 건네주는 요령과 힌트로 대충 알아들으신다.

며느리 할매는 언제나 얼굴에 웃음이 있어서 선한 인상이다. 화난 모습을 본 적이 없다. 며느리는 골목에 굴러다니는 소주병이며 빈병을 살뜰히 챙겨 모았다가 플라스틱 상자에 쟁여서 질질 끌고 내려가서 근처의 마트에 들러서 좋아하는 커피와 바꿔오곤 했다. 좋아하는 담배는 라일락. 물론 저렴한 가격이 선택의 이유일 것이다. 생활보호 대상자들이다.

음악가 할배

　골목 중간 즈음에 굴뚝이 있는, 아직도 나무를 때는 집이 있었다. 할배가 혼자 살았다. 늘 깔끔한 차림새에 중절모자를 쓰고 나들이를 하셨다. 여름날에는 모시로 된 바지저고리를 깔끔하게 입었고 더운 날에도 양단 저고리에 조끼까지 덧입으시고 날마다 외출을 하셨다. 어깨엔 항상 큼직한 독수리표 전축을 들고 있었다.

　젊었을 때 무엇을 하셨는지는 알지 못한다. 할배의 일과는 전축을 들고 강구안에 내려가서 노인들이 많이 모이는 공중 화장실 근처에 앉아 음악 들려주기. 민요도 들려주고 트로트까지 골고루 준비해 간다. 강구안에서 쿵짝쿵짝 흘러나오는 음악, 때로는 타령이나 민요 소리로 장르를 바꾸며 울려 퍼지는 음악은 이 동피랑 언덕에 사는 할배가 켜 놓은 것이다. 왜 그러는지는 아무도 모른다. 동네 할매 말마따나 "지 좋아서 하는 짓을 누가 말리끼고" 싶다가도 할배의 속내가 궁금해지기도 했다. 어느 날부터 음악 할배가 보이지 않자 걱정이 되었다. 몸이 아파서 병원에 가셨다고 한다. 동피랑 풍경도 점점 시간에 의해 녹슬거나 사라져 간다.

반장 아지매는 설치 예술가

동피랑 골목길의 반장 아지매가 하루는 금사가 섞인 화려한 스타킹을 신고 있었다. 멋쟁이 양말을 신으셨다고 했더니 가시내처럼 엉덩이를 뒤뚱 뒤뚱 걸어 보이며 웃음을 주신다. 스스로를 '노가다 십장'이라 칭하는 반장 할매는 높다란 담장의 그림을 그릴 때 디딤틀을 이리저리 안전하게 고이는 작업을 순식간에 해치우는 실력을 보여주었다.

가난한 살림살이에도 자원봉사를 다니기도 하고, 무엇보다 동피랑 벽화전을 하겠다고 했을 때 가장 먼저 찬성하고 환영해 준 사람이다. 언성이 높지 않아 생전 부부싸움은 안 했을 것 같다고 했더니 "언성 낮은 사람이 썽 내모 더 무섭은 거 모리제" 하신다. 사실은 소리를 크게 지르면 "아저씨가 머라 캐서" 살살 말하다 보니 습관이 되었단다.

맨 처음 동피랑 구판장을 운영하실 때부터 이웃집 칠팔십 대 할매를 아르바이트로 고용해서 수입을 나누어주시는 따뜻한 인정으로 우리를 감동시켰다. 좁은 구판장 가게를 아기자기하게 꾸미는 것도 반장 할매의 아이디어다. 스스로도 인정하시듯 '예술을 좀 아는 사람'이다.

동피랑 구판장을 운영하면서 커피를 배워 '동피랑 1호 바리스타'가 되신 분이다. 마을의 대소사를 잘 챙기고 어려운 형편의 사람이 보이면 외면하지 못하는 착한 할매.

멋 쟁 이 모 자 할 머 니

이 할매는 주로 동피랑 구멍가게, 아니 한때 바그다드 카페로 불렸던 파고다 카페 근처에 나와 앉아서 해바라기하신다. 언제나 단정한 옷매무새에 연한 화장, 때때로 이쁜 모자를 쓰고 있어서 금방이라도 외출할 듯한 모양이지만 늘 골목 어귀의 한자리에 그림처럼 가만히 앉아서 지나는 사람들을 구경하고, 때로 졸기도 한다.

할머니를 처음 만난 것은 동피랑 골목 안 바람길(여름이면 골바람이 잘 불어서 바람길이라 이름 붙였다)에서였다. 만나자마자 서울의 큰 방송국에 근무한다는 손녀 자랑이 대단하셨다. 만날 때마다 그 손녀 이야기를 들어서, 아직 한 번도 만나지 못했지만 여러 번 만난 친척처럼 느껴진다.

몇 년 새 할머니도 많이 늙으셨다. 최근 동피랑 삼거리에 앉아계시는 할머니를 보니 몇 년 사이 주름살도 더 늘었고 기운도 없어 보인다. 듣자하니 치매가 날마다 더해가서 이웃집 사람도 잘 알아보지 못한다고 한다. 옅어가는 가을 햇살에 물끄러미 한곳을 응시하는 모습이 들판의 억새를 닮았다.

바 그 다 드 카 페

동피랑 삼거리의 손바닥만 한 구멍가게는 처음에 갔을 때 백태기 할아버지와 아들이 함께 보고 있었다. 한 평 정도 되는 점방에서 음료수와 담배,

약간의 과자를 판다. 사람 좋아 보이는 할아버지는 늘 술에 취해 있었지만 주정을 하거나 실없는 말을 하지 않았다. 그런 백태기 할아버지와 한 번 말싸움 아닌 말다툼을 했다. 귀가 어두운 할아버지의 목소리에 맞추느라 나도 모르게 음성이 커졌으므로 누가 봤으면 젊은 사람이 할배한테 대든다고 했을 게다.

어느 봄날, 동피랑에 올라서 가게에 인사차 들러 물 한 병을 사서 나오려는데 할배가 손짓을 했다.

"국장아, 니 마침 잘 만냈다. 안 그래도 오늘 오나, 낼 오나 기다렸다 아이가!"

"할부지, 와예?"

"사람들이 파고다 카페가 영 여게랑 안 어울린다 카는데 이름을 바까야 안 되것나?"

"파고다 카페예?"

"그래 니가 우리 가게 이름이 없다꼬, 파고다 카페라꼬 자꾸 부리데? 나도 그기 좋거로 들리서 파고다 카페라고 점방 이마빡에 뺑끼(페인트)로 쪼만하거로 써났더마는 오고 가는 사람들이 영 파이다(좋지 않다) 쿠네. 그래서 고마 이름을 바꿀라꼬!"

"제가 언제 파고다 카페라 했어예? 바그다드 카페라 했지예."

영화 〈바그다드 카페〉의 그곳처럼 쓸쓸한 풍경 속에 숨어 있는 따뜻함이 좋아 혼잣말처럼 부르던 이름이었다.

"그랑께 그 바고다… 하이튼 파고다 카페는 이름이 안 좋다 안 하나! 그래서 이름을 바꿀라카이 니한테 말은 해야지 싶어가 기다렸다 아이가!"

이쯤에서 그만 입을 다물어야 했다. "아 예, 그라모 함부지 좋으신 대로 하이소" 하고는 내려오는 길에 혼자 웃기 아까워서 입이 다 근질거렸다.

시 안 쓰는 시인이 사는 마을

동피랑에는 한때 시인이 살았다. 애칭은 발음 대로 부르자면 '이노'인데 성은 추가다. 그는 심성이나 세상을 보는 시선도 시인이고 삶의 형태도 시인이다. 시인들이 모두 착하고 선한지는 모니터링하거나 일제조사를 해보지 않아서 모르겠지만 암튼 그는 시인과 같은 아름답고도 여린 감성을 가져도 너무 많이 가졌다. 문예지 어디에 시를 발표한 적도 없고 가끔 자기 혼자 쓰더니 언제부턴가 그나마도 안 쓴다. 대신 읽는 것으로 만족하기로 작정했는지도 모른다.

마흔이 다 된 나이에 고향 통영으로 돌아와서 동피랑에서 흐느적흐느적 밥벌이 하랴, 고단한 삶을 살아내느라 힘이 들었다. 그는 섬을 사랑했다. 통영 앞바다의 꽃잎처럼 흩어진 섬이 좋아서 내려왔다고 해도 별로 틀린 말은 아닐 터. 요즘도 가끔 바다 한가운데 우뚝 솟은 어느 섬으로 그가 출몰한다는 소식이다. 지금은 아주 멀리로 떠나고 없는 그의 방에서 언젠가 엿보았던 제목 없는 시가 종종 생각난다.

어선은 간 데 없고 낚싯배만 목을 맨 포구
만선의 깃발도 휴대폰 번호에 가렸다

한때 어부였을 노인이 똥 누는 폼으로 앉아
과거가 돼버린 먼 바다를 배설하고
포구의 송사리떼 그것을 낼름 삼키며
지느러미를 키운다
보기 좋게 이 포구를 배신하고 바다로 갈 거야
'여긴 너무 낡았어'

똑, 휘잉, 똑, 휘잉
목발 짚은 사내가 등장하자
접어 올려진 오른쪽 바지 사이로 갈매기 서너 마리가 날아가는 게 보였다
때마침 먼 바다를 배설하던 노인이 고개를 가로저었다

안개가 더욱 짙어
파도조차 삼켜버렸을 때
'해양휴양관광지 통영'이라고 써붙인 버스가
오래된 관습마냥 사람들을 육지로 실어 갔고
섬으로 갈 동백호를 기다리는 나는
척포에서 완벽한 타인이 되어 있었다

마을 만들기의 시작

통영항의 동쪽 언덕 위 마을,
색을 입다

동피랑

벽화마을

이야기

1   동피랑에 불어온
재개발의 칼바람

동피랑은 바다와 배, 그리고 어물전과 시장이라는 삶의 동선이 자연스럽게 어우러진 땀내 나는 땅이다. 돈 좀 있는 사람들은 평평하고 가까운 시내에, 그 언저리에도 몸뚱이 누일 땅 한 평 가지지 못한 사람들은 숨 가쁘게 언덕을 올라 움막을 짓고 가난한 꼭대기에 모여 살게 된 것이다. 지대가 높아서 늘 물이 부족했고, 물동이를 이고 언덕길을 오르다 미끄러져서 물동이를 와삭 깨먹기 예사였다. 먼 타지로 돈 벌러 나갔던 누구네 딸이 짙은 화장을 하고 두터운 입술의 흑인을 데리고 좁은 동피랑 골목을 찾을 때면 온 동네 사람들이 기웃거리며 구경을 했더란다. "와따메! 그 노무 주디 그거 써리노오모 한 쟁반은 나오것다." 아이들은 따라가며 돌도 던졌단다.

동피랑을 만나다

동쪽에 있는 비탈, 거기서 맨 처음 만난 것은 벽이었다. 바람을 막는 벽, 옹색한 살림살이를 감추는 벽, 사람과 사람 사이의 벽, 보전과 개발의 벽, 그리고 사람들 마음속의 굳은 벽.

통영에 지방의제 추진기구가 처음 생기고 사무국 책임을 맡은 것이 2006년 가을. 지속가능발전을 염두에 둔 의제 발굴, 위원회 구성, 지표 설정 등으로 꽤나 바쁘게 움직이다 보니 해가 바뀌고 있었다. 그러던 어느 날 우연찮게 길거리에 나붙은 현수막 한 장을 보았다. '동피랑 지구 재개발 계획에 대한 설명회 개최'였다. 하루에도 수십 개씩은 보는 길거리 펼침막이지만 '재개발'은 이 지역에서는 보기 힘든 단어기도 하고, 서울의 '용산사태' 이후 '재개발'에 대해 조금은 민감해진 마음에 눈에 뜨인 것인지도 모른다.

길거리에 차를 세우고 날짜와 장소를 메모했다. 그리고는 통영에 대한 자부심과 애정이 넘치는 '통영 폐인' 중 한 사람인 푸른통영21 유용문 위원에게 물었다.

"동피랑이라고 아시나요?"

"똥피랑을 우찌 아는가요?"

"그게를 재개발할 모양인데 함 가봅시다."

"그게는 우리 어릴 때 연 날리던 산 몬당인데. 푸세식 벤소가 많아서 똥을 밭에 찌끌어놔서 노상 똥내가 솔솔 풍기는 언덕빼기 동넨데 우찌 할라고 그라는고?"

"일단 내일 만내 가이고 올라가 보입시다."

이날의 오지랖 넓은 행동이 빚어낸 자발적 참견으로부터 동피랑과의 인연은 시작되었다.

설명회 당일, 동사무소 회의실에 들어서니 동피랑 주민들이 가득 모여 있었다. 불안하고 어두운 얼굴로 모두 시무룩해 있었다. 주민 누구 한 사람 쉽게 알아들을 수 없는 개발 계획 발표가 이어졌다. 이렇다 저렇다 말을 보태거나 궁금한 걸 물어보는 주민은 없었던 것으로 기억한다. 억울하고 슬픈 표정으로 듣고만 있었다. 도시계획지구 변경이 어쩌고, 동포루 복원, 이주, 공시지가, 이런 단어들은 사실 주민 설명회에 적절한 단어가 아니다. 가난한 동네, 학벌도 가난한 주민들을 대상으로 설명을 할 때는 주민의 언어가 필요하다. 예를 들면 이렇다.

"오늘 여러분을 모이라고 한 것은 다름이 아니라, 동피랑 마을을 없애고 거기다가 동포루라는 통영성의 동편 누각을 복원하여 공원으로 만들라고 합니다. 그카모 동네는 어찌 되는고 하모 모두 이사를 가시야 됩니다. 공시지가, 즉 나라에서 정한 기준으로 값을 따져 집값, 땅값을 받고 언제까지 이사를 나가야 합니다!"

그래야 제대로 알아듣고 무슨 말인가 질문을 할 것이다. 행정용어투성이 설명회는 친절하지 못했다. 주민들은 낮은 목소리로 중얼거렸다.

"우짜라는 기고? 급작시리 이사는 왜 가라카노? 어데로 가라쿠노? 갈데가 있었으모 볼세(벌써) 갔지 우리가 그 살것나?"

듣다 못해서 나섰다. 무엇보다 바다에서 통영항으로 입항하다 보면 저만치 올려다 보이는 동네, 동피랑이 지저분하여 도시 미관에 좋지 않다는 대목에서 발끈했다.

"가난한 것이 부끄러움은 아니지 않습니까. 어느 도시에나 심지어 서울이나 뉴욕에도 가난한 동네는 있기 마련인데, 그런 동네를 보기 싫다는 이유로 없애버리자는 계획은 동의하기가 힘듭니다. 보기 좋게 만들면 될 것 아닙니까. 무엇보다 이주 대책에 대해서 궁금합니다. 동피랑을 떠나서 촌락을 구성할 수 있는 이주 대책은 있습니까? 그리고 공시지가로 보상한다고 하면 시내 어디에 가더라도 그 보상금으로 방 한 칸 구하기는 힘든 게 빤한 사실 아닙니까. 개발 계획은 주민들과 합의가 우선이고 공원은 우리 도시에 이미 너무나 많습니다. 한려해상국립공원만 해도 엄청난 넓이로 포함되어 있지 않습니까. 오늘 모인 주민들이 무슨 일인지 천천히 알아보고 결정할 수 있도록 시간을 넉넉히 주실 것을 부탁드립니다."

할 말은 유수같이 많았지만 차마 말문이 트이지 않아 답답한 마음을 누르고만 있던 주민들이 일제히 박수를 쳤다. 그리고 모두 자리에서 일어났다. 억장을 누르던 무거운 회의장을 떠나 복도를 나서면서 한꺼번에 말들을 쏟아냈다. "머라꼬 쳐씨부리샀노? 우리를 쪼까내고 공원을 맨들 끼라 카더나? 우리가 없이 산다꼬 사람맨치 안 보이는가베. 고옹원? 있는 사람을 빼내고 나무를 꼽을 끼가베! 참말로 억장이 무너진다, 무너저", "우리시 돈만 마이 준다 카모 이참에 아파트 얻어서 이사 가고 싶다", "누가 돈 마이 준다 카더나?", "나라에서 한다쿠모 힘없는 우리야 비키야지, 벨 도리가 있나?", "그나저나 큰일이네, 큰일이라꼬!"

다음 날부터 동피랑에 올라가 주민들을 만났다. 설명회 자리에서 좀처럼 입을 떼지 않던 주민들도 좁은 골목에 모이자 말들이 쏟아졌다. 개중에는 보상금만 많이 준다면 이 힘든 동네에서 당장이라도 이사 가고 싶다는 사람도 있었다. 살기 불편해서 징글징글하다 했다. 그러나 근거 없는 보상금이 어디 있으랴. 동피랑 집들은 무허가도 있었고, 지적 정리가 제대로 되어 있지 않은 집들도 많았다. 그나마 온전히 앉은 집들도 많으면 열일곱에서 열여덟 평, 대개는 그 이하의 크기였으니 보상가는 턱없이 낮을 테고 갈곳은 없는 주민이 대부분이었다.

순하디 순한 마을 동피랑

동피랑 마을을 둘러보았다. 그냥 천천히 집들과 골목을, 웅크린 어깨 같은 지붕을 바라보며 돌아다녔다. 동네도 스산했고 쳐다보는 마음도 덩달아 스산했다. 점점 사라져가는 구도시의 변두리가 그곳에 온전하게 보전되어 있었다. 아이들이 어깨동무하듯 나란히, 나란히 줄을 맞춘 집들은 들여다 볼 것도 없이 가난의 맨얼굴이었다. 그러나 아름다웠다. 낮게 엎드린 집들은 뒷집의 전망을 방해하지 않았고, 한 평도 안 되는 흙 밭에는 허리를 하얗게 드러낸 파가 자라고 있었다. 무엇보다 골목길을 공유하는 이웃 공동체, 시골 마을의 정서가 남아 있었다. 함부로 하기에는 무척이나 아까운 풍경과 사람들이 오순도순 모여 있는 곳. 어린 강아지처럼 순한 마을이었다. 더군다나 도심에서 방출되거나 신도시 진입에 실패한 낮은 목소리가 모여사는 마을이었다. 가난한 마을일수록 그곳에 깃든 인간에 대한 예의가 남달라야 한다고 믿는다. 그렇지 않아도 서러운 삶, 척박한 삶이 도시를 재개발한다는 미관상의 이유로 상처받는 것은 옳지 않다. 그건 아닌 것이다.

일주일마다 열리는 푸른통영21의 '의제 수정 특별위원회'에 동피랑에 대한 안건을 내밀었다. 일곱 명의 위원 전원 찬성 속에 동피랑 재개발 문제를 긴급 안건으로 채택, 우선 재개발 계획을 잠시 중단하고 다 함께 논의해

동피랑 벽화마을 이야기

보자는 제안을 공문으로 발송하기로 결정했다. 부랴부랴 시 담당과에 의견을 제출하고 시장님 설득에 나섰다. 푸른통영21 위원장인 경상대학교 김형진 교수와 함께 간 면담 자리에서 시장님은 약간 고개를 갸웃거렸다. "머할라고 그라노? 설명회는 했지만 이런저런 계획을 세우려면 한참 걸린다. 천천히 의논해 보자." 그렇게 우선 조금의 시간을 벌었다.

마을 만들기의 시작

동피랑 마을 만들기를 시작할 즈음은 푸른통영21 역시 마을 만들기에 대한 경험도, 명확한 그림도 없었다. 다만 일본의 사례를 접할 기회가 몇 번 있었는데 그를 통해 배운 방향성은 분명했다. 마을 의제 선정과 논의는 주민이 중심이 되어야 하고, 주민의 삶이 존중되어야 한다는 것, 주민들과 발맞춰 가야 한다는 것이다.

언제부터인가 전국에서 마을 만들기 붐이 일고 있다. 저마다 기발한 아이디어들이 속출하고 사례마다 성공과 실패가 교차한다. 국내외에서 추진하고 있는 마을 만들기의 총체적 주제는 에너지, 환경, 문화, 교육, 건강, 공동체 회복, 삶의 질, 의식주 등의 자급자족을 통해 지구상에서 희망을 줄 수 있는 모범 마을을 만들자는 것이다.

통영에서도 몇 군데 읍면동에서 마을 만들기 사업을 시행한 예가 있지만 어디에 내놓고 자랑하기에는 어수룩하고 관(官)의 냄새가 물씬 풍겨 재미없다.

마을 만들기의 성공을 위해서는 무엇보다 지역 주민이 주도하여 지역의 보물을 발굴, 활용해야 한다. 그것을 놓치면 그저 예산 가져와서 뭔가 했다는 것 외에 지속은 불가능해지는 것이 당연한 수순이다. 실패한 사례들을 살펴보던 중 마을 의제를 발굴, 선정하고 논의하는 과정을 주민 스스로 경험하고 학습하는 과정이 부족했음을 공통적으로 느꼈다. 성공적인 마을 만들기를 위해서는 지역에서 답 찾기, 꼼꼼히 조사하기, 하나하나 기록하기, 깊이 연구하기가 사전 필수 조건이다. 이어 마을의 역사와 문화를 토대로 하는 '문화의 재발견', 마을의 생활상을 보물로 만들어내는 '생활의 재발견', 마을을 만드는 사람들을 통한 '사람의 재발견', 마을의 문제점을 함께 고민하고 개선하기 위한 주민들의 아이디어가 번뜩이는 '가능성의 재발견' 등 네 가지 방향으로 추진해야 한다. 이른바 '심봉사 눈 뜨기 작전'이다.

국가나 행정에서 하자는 대로 주민들이 구경꾼이 되고 방관자가 되면 반드시 실패한다. 마을 만들기는 담당 공무원 혼자 애를 쓴다고 되는 일이 아니다. 마을의 문화를, 생활상을, 사람을, 가능성을 재발견함으로써 마을 만들기를 추진할 수는 있지만 반드시 여건에 맞는 가치를 찾고 주민의 손으로, 주민의 삶 속에서 만들어가야 하는 일이기 때문이다. 사실 우리도 처음에는 좌충우돌 시행착오가 많았다.

당시 푸른통영21은 단체의 꼴을 겨우 갖춘 시점이었지만, 마을 재개발 계획이 추진되는 급박한 상황이라 빠른 결단과 행동이 필요했다. 숨 가쁜 일정의 시작이었다.

동피랑 벽화마을 이야기

2 회의주의자들

회의라면 신물이 난다. 그렇지만 의제, '어젠다(Agenda)'가 몸 담고 있는 단체의 주제니 토론이나 회의 말고 할 것이 무엇이 있단 말인가. 무엇보다 지방의제21 추진기구가 요구하는 방식은 의제 선정과 파트너십이다. 두 가지 다 회의 없이는 불가능한 형식을 아예 못으로 박고 시작하는 것이다. 마을 일도 회의로 시작해서 회의로 마무리 된다. 지긋지긋한 회의도 자주 하면 나름 재미가 있다. 사람마다 말하는 스타일도 다르고, 주장하는 바도 다르다.

"피할 수 없다면 즐기라" 했던가. 말은 쉽지만 즐기는 것은 재미라도 있어야 한다. 푸른통영21 위원회 위원 가운데 이 일에 더 집중할 수 있는 사람을 선별하여 '동피랑 특별위원회'를 만들고 이들과 일주일에 한 번씩 회의를 했다. 하지만 이 위원회는 저마다 생업과 일터가 있는 삼사십 대 중장년들로 구성되어 있어 주로 오후 시간에 회의를 시작하다보니 마치면 해님은 벌써 달아나고 없는 시간이었다. 당시에는 제대로 된 예산도 없던 터라 저마다 갹출해서 저녁을 사먹으며 회의를 이어나갔다. 그들의 헌신적인 지역 사랑이 없었다면, 지속가능한 사회를 바라는 참여와 애정이 없었다면, 오늘의 동피랑 마을은 존재하지 않았을지도 모른다. 회의주의자들이 매주 모여 짧고 긴 머리를 거듭 마주한 끝에 우선 벽을 이용한 벽화를 주제로 마을의 변신을 시작하기로 가닥을 잡았다. 그러나 시간도 없는 상황에 당장 예산 한 푼 없으니 머리만 있고 손발은 없는 것처럼 답답한 노릇이었다. 재개발의 바쁜 일정이 시작되기 전에 무엇이라도 시작해야 했다. 일단 시에 공문을 보냈다.

동피랑 마을 만들기
제안 공문

수신: 통영시 00과

제목: 동피랑 재개발 계획에 따른 의견

● 재개발 사업 시행 전에 '푸른통영21 추진협의회'와 의견을 나누어 시민과 함께 만드는 '살기 좋은 도시 마을 만들기' 사업으로 확대하자.

● '벽화가 있는 골목'을 대안으로 상정해서 주민들과 토론회를 3회 이상 가지자.

● '골목 벽화전'을 유치하여 전국 미대생을 대상으로 홍보하고 참여하게 만들어 독특하고도 아름다운 골목길을 되살리고, 동피랑을 전혁림을 비롯한 화가들이 태어난 지역문화의 상징 지역으로 만들어 오히려 통영의 명소로 탈바꿈할 수 있는 계기도 마련할 수 있을 것이다.

● 바다가 보이는 언덕에 조그만 쉼터를 만들어 골목전을 보러온 여행자들이 쉬면서 통영의 강구안을 바라볼 수 있는 공간을 만들자.

● 철거를 시행하기 전에 충분한 토론의 시간을 가지자.

발신: 푸른통영21

마을 만들기는 주민과 행정, 지원 단체가 처음부터 끝까지 함께해야 하는 일이다. 따로 국밥이 되어서는 기획 따로, 주민 따로, 행정 따로가 되기 쉽다. 마을 활동가들이 이 관계를 잘 유지하지 못하는 경우가 많은데 '함께'야말로 마을 만들기의 매우 중요한 시발점이요, 마음가짐이다. 주민 우선, 행정과는 파트너십 유지를 원칙으로 해야 마을 일이 된다. 십여 년의 경험으로 볼 때 그것이 최상의 방법이다.

　행정은 돈을, 마을 활동가는 기획을 각각 갖고 있다. 마을 기획은 주민들과 하나부터 열까지 협의한 결과물이어야 한다. 때문에 공식 문서인 공문 하나부터 예의와 경의를 갖추어 최대한 부드럽게 써야 한다. 서로 기분 나쁠 만한 단어는 생략하거나 대체하는 것이 좋다. 딱딱한 공문보다는 메일이나 만나서 대화로 의사를 타진하는 것도 좋은 방법이다. 무엇보다 상호 존중이 바탕이 되어야 하는데 상호 바라기만 해서는 안 된다. 민간인이 먼저 마음을 터놓고 다가서는 것이 낫다. 수십 년간 책상 앞에서 서류 더미에 치인 사람들에게 왜 상상력이 없냐고 비난하는 것은 옳지 않다. 그것은 우물물에게 너는 왜 숭늉이 되지 못하느냐고 떼를 쓰는 것과 같다. '우리도 잘 모르지만 도울게요. 같이 해 보아요!' 그런 마음이면 충분하다.

　마을의 지속가능한 발전에 대해 행정과 이견이 생길 때도 많다. 특히 사업비 지출이 복잡하거나 사업 계획이 난해할 때 행정 담당자들은 대부분 난색을 표한다. 그런 일을 사전에 방지하기 위해서는 평소에 함께 워크숍을 가거나 마을 만들기 모범사례 현장을 방문할 때 같이 가는 것도 방법이다. 같이 공부하고 덩달아 자라나는 착한 어른이 되자는 커뮤니티 디자인 개념을 이때 풀어서 써먹는 것이다. 많이 다녀본 공무원은 함께할 일에 대해 조금 더 많이 이해한다.

또 주민이든 행정이든 조금이라도 잘한 일이 있을 때에는 칭찬을 아끼지 말아야 한다. 아주 작은 일이라 할지라도 고마운 마음을 날마다 회복하는 '감성 회복' 연습을 해야 한다. 열심히 일해서 과는 우리가, 공은 행정에게 돌리는 것이다. 어차피 민간 계약직이 대부분인 마을 활동가들에게 정부 포상은 의미 없다. 나를 위해서 우수사례 공모에 신청할 것이 아니라, 주민들에게 격려와 칭찬을, 행정 담당 공무원에게 기운을 주기 위해 가능한 많은 공모에 응모한다는 마음가짐이 필요하다.

돈이 없다고 마을 일을 못하지는 않는다. 간절하게 원하면 대부분 이루어진다. 동피랑 사업도 마찬가지로 처음 종자돈은 '지역혁신협의회' 공모 사업으로 따온 국비 3천만 원이 다였다. 적다면 적은 돈이지만 어떻게 쓰는지에 따라서 3억의 결과를 낳을 수도 있는 법. 공모 사업을 여기저기 늘 기웃거리는 것이 좋다. 어차피 지자체는 몇 군데를 제외하고는 재정자립도가 낮아서 예산이 별로 없다.

며칠 후, 특위의 회의 결과를 보고 받은 김형진 위원장이 귀가 솔깃한 정보를 제공했다. 때마침 '지역혁신협의회' 시범 사업에 지원할 예산이 조금 있는 것으로 안다며 한번 신청해보는 것이 어떻겠느냐는 것이다. 돈 냄새를 맡은 즉시 시청 총무과 담당 계장에게 찾아가서 저간의 상황을 설명했다. 이런저런 명목으로 통영시 지역혁신협의회 이름으로 전액 국비 예산을 신청할 테니 협조해 주시라. 계획서 작성과 사업 추진은 우리가 모두 다 할 것이고, 결과와 성과는 담당 공무원 몫으로 돌리겠다. 통영 지역 혁신의 좋은 사례가 될 것이다. 믿고 도와주시라.

그다지 흔쾌하지만은 않은 반승낙을 받고 막상 공고를 제대로 보기 위해 사이트에 접속해 보니 공모 사업 신청 마감 날짜가 겨우 이틀 남아 있었다. 이런! 게다가 정부 문서는 뭐 그리 쓰라는 것이 많은지. 당시 의제 수정 특위위원장을 맡고 있던 경상대 최병대 교수는 숫자 많은 예산 부분을, 나는 글자 많은 사업 계획 부분을 각기 나누어 집중해서 작성했다. 날이 밝아 올 무렵에서야 사업신청서 작성을 끝내고, 한두 차례 교환해서 수정한 다음 부랴부랴 접수했다. 공모 사업 신청이 통과될 것인지 혹은 떨어질 것인지 마음이 불안했다. 동피랑이 복이 있으면 될 것이라 생각했으나, 한편으로는 안 되면 대안으로 무엇을 할 것인지도 고민이었다. 마음 착한 시민들에게 황토 화분을 기부 받아서 온통 꽃마을로 만들어 볼까나. 남루한 벽에는 초록색 아이비나 담쟁이가, 여름에는 줄장미를 비롯한 푸르고 붉은 색색의 나팔꽃으로, 가을에는 해바라기와 하늘타리를 심지 뭐. 겨울에도 따뜻한 곳이라 월동하는 후추등이나 마삭줄도 있으니 오히려 생생히 살아 움직이는 담이 될지도 모르잖아. 그런데 그것들은 시간이 걸리는데, 속도전으로 자라는 식물이 뭐 없을까. 싱숭생숭한 마음처럼 머릿속에 온갖 식물들이 넝쿨져 자라고 있었다.

발표가 나기 전까지 생에 몇 번 하지도 않았던 기도를 다 하고 잠이 들었다. 갑자기 동피랑이 연인이 되어 가슴속으로 안겨들었다. 채 한 달이 안

되어서 심사 결과 동피랑 벽화마을 조성 계획이 지역혁신 공모 사례 신청 대상으로 선정되었다는 통보를 받았다. 뭐, 뛸 듯이 기뻤다기보다 천천히, 오래 기뻤다. 일거리가, 그것도 전문 분야가 아닌 일거리가 저만치서 해일처럼 허연 거품을 일으키며 밀려오는 것이 보였다.

시군구 지역혁신협의회
지원사업 계획서

사업제목: 통영의 망루 '동피랑'의 재발견

- '동피랑'은 동쪽에 있는 비랑(비탈의 지역 사투리)이라는 뜻임.
- 통영시 중앙동 일대의 산비탈 마을로, 최근 이 지역에 대한 재개발론이 일고 있음. 그러나 이 지역은 서민들의 오랜 삶터로 주민들이 지금도 살고 있을 뿐만 아니라, 외관상 해안도시 특유의 아름다운 경관을 가지고 있음. 무엇보다 통영의 앞바다를 각 마당에서 바라볼 수 있으며, 언덕배기에 위치한 낮은 집들은 근대문화의 산 증거이기도 함.
- 이 지역을 철거하기보다는 지역의 역사와 서민들의 삶이 녹아 있는 독특한 골목 문화로 재조명하여, 보다 살기 좋은 마을 만들기를 통하여 거듭날 수 있도록 다양한 시도와 접근을 하여 통영의 명물로 재조명 해보고자 함.
- 이 사업을 통하여 '동피랑' 지역이 다만 비탈길 언덕베기의 가난한 집들의 집단촌이 아니라, 그림이 있는 골목, 역사와 문화가 살아 있는 골목 등으로 가공 재포장하여, 관광휴양도시를 지향하는 통영의 또 하나의 매력으로 재구성하기 위한 제반 사업들이 시급함.

- 토론, 워크숍, 세미나, 국제심포지움 등을 바탕으로 주민과의 협의 과정을 충분히 거친 후, 신선하고도 혁신적인 정책 전환을 통하여 새로운 명소로 거듭나게 구성할 계획임.

'지역혁신협의회 운영지원 계획'에 따라 붙임과 같이 사업을 수행하고자 '2007년도 시군구 지역혁신협의회의 내실화를 위한 우수 과제 공모 사업'의 신청서(사업계획서)를 제출합니다.

2007.7.30

총괄책임자: 지역협의회 책임자 김형진 (인)
주관기관장: 통영시장 (인)

행정자치부 장관 귀하

동피랑 벽화마을 이야기

3   실수투성이 첫 벽화전

공모 사업 신청이 성공했다는 것을 확인하고 신바람이 나서 발바닥이 아픈 줄도 모르고 동피랑을 오르내렸다. 주민회의를 열고 동사무소 직원과 함께 집집마다 돌아다니며 "베르빡(담벼락)에 기림(그림)을 기리도 될런지요?"를 묻는 작업이 먼저였다.

"베르빡만 빌리주모 안 쫓기나도 되나?"

"그거는 잘 모르겠지만 일단 한번 뭔가를 해보입시다."

더러는 싫다고 하고 어떤 집은 이왕 그릴 거면 이런 그림을 그려달라며 구체적인 그림 내용을 제안하기도 했다. 맞벌이 나간 집의 주인을 만나기 위해 세 번이나 헛걸음을 하기도 하고 이웃집에 부탁을 해서 대신 허락을 받기도 했다. 대부분의 주민들이 벽을 허락해주었다. 그러나 끝끝내 싫다고 고개를 내젓는 주민들도 있었다. 공연히 식칼을 들고 나와 노발대발 하는 젊은 남자를 만나기도 했다. 시끄럽고 짜증나게 하지 말라는 것이다. 훌떡 벗은 상반신에 서툰 그림이 새겨져 있었고 팔뚝에는 칼자국이 여러 겹 있었다. "아, 알았다고요." 나는 겁이 나서 적당한 거리를 두고 시시 "댁에는 안 그릴 것이니 그렇게 화낼 필요 없다"고 매우 다정하게 말했다. 나중에 듣고 보니 보상을 받아서 이사를 가고 싶은데 못 갈까봐 그랬다는 것. 표현치고는 참 살벌하기도 했다.

마음은 바쁘고 시간은 없었다. 미술전문가도 아니고 공공미술에 대한 시도를 옆에서 구경조차 해본 적이 없는 문외한이었다. 초등학교 다닐 때 특별활동 시간에 미술부를 했다는 것, 미술대회에서 한두 번 상을 받은 기억, 눈이 새로운 것 보기를 즐겨하는 탓에 크고 작은 전람회에 자주 가 본 기억, 유사한 것을 찾자면 진안군 백운면의 공공미술 간판을 보러 갔던 것이 경험이라 할 수 있는 거의 전부였다. 나머지는 책이나 텔레비전을 통해

서 본 간접경험뿐이었다. 무식하면 용감하다고 했던가. '에라, 모르겠다. 솔직하고 진솔하게 부딪혀보자!'

우선 이런 것을 한다는 광고를 내야겠다고 생각했다. 어딘가 알려야 사람들이 올 것 아닌가. 전국 미술인들이 즐겨 본다는 잡지 두 가지 중에서 하나를 골라 광고를 의뢰했다. 광고비는 예상 대로 너무 비쌌다. 조금만 깎아달라고 사정했는데 한마디로 '노!'였다. 할까 말까 망설이다가 결국 그 가격에 광고 계약을 했다. 결과만 놓고 보자면 그 광고를 보고 동피랑 벽화전에 접수한 사람은 단 한 명이었다. 그러나 잡지에 실린 광고가 꼭 유인책이 목적은 아닌 것. '남녘의 아름다운 도시 통영에서 이런 것을 하는구나'라는 홍보 효과도 있었을 터이니 많이 실망하지는 않았다.

이어서 홍보용 웹 포스터를 만들었다. 이 작업은 통영의 청년 문화에 관심이 높은, 지금은 한산대첩기념사업회 과장으로 있는 최원석 씨가 당시 저렴한 작업비로 뛰어난 디자인을 맡아주었다. 이외에도 그는 첫 동피랑 벽화전이 열리자 통영 청년문화회의 젊고 활기찬 회원들과 팀을 구성해 그림도 그리고 자원봉사 도우미로 함께해 주었다. 이 친구들의 도움이 매우 컸다. 작가들의 작업 공간까지 페인트 깡통을 나르는 일부터 사다리 나르기, 물과 간식 나르기까지 몸과 마음을 다한 고생을 잊을 수 없다. 말미에는 몇몇 작가들의 야간 시내 여행 가이드까지 맡았다. 그에 대한 고마움의 표시로 동피랑 벽화전 마지막 날 대미를 장식하는 마을 음악회 겸 송별연에서 사회를 보도록 마이크를 넘겼다. 훤칠한 키에 얼굴도 미남인 그는 행사 사회도 부드럽게 잘 보았다. 그가 만든 아름다운 웹 포스터는 전국의 공공미술 관련 카페와 블로그 게시판에 수없이 도배되었다. 며칠 동안 밤이고 낮이고 이 포스터와 함께 동피랑 벽화 공모전에 참여해달라는 글귀를 포털 사이트 카페와 블로그 등에 일일이 퍼다 날랐다. 그때 힘들었던 일 중 하나가 '회원가입'을 해야 글을 쓸 수 있는 커뮤니티나 사이트에 일일이 주소, 이름, 주민번호 등등을 수십, 수백 번 쓰는 일이었다. 백여 곳이 넘는 카페와 사이트, 대학의 홈페이지를 찾아다니며 손수 광고를 해야만 했다. 일주일이 넘어가자 드디어 슬슬 '입질'이 오기 시작했다.

수많은 시행착오들

벽화전을 주최하는 사람이 문외한이라 미숙하다 보니 첫 벽화전 때 참여했던 작가들로부터 욕을 많이 먹었다. 그림의 시안을 미리 받고, 주변 페인트 가게에 필요한 색상의 페인트를 미리 가져다 놓도록 이야기해 두는 사전작업조차 안 한 것이다. 솔직히 고백하자면 작가들이 각자 페인트를 들고 오는 줄 알았다. 덕분에 참여 작가들은 짧은 시간에 직접 페인트를 구하러 여기저기 뛰어다니랴, 솔이며 붓을 사러 다니랴 허둥대야만 했다. 그게 아니더라도 참가 인원을 파악하자 숙소를 예약하고 식당과 먹거리를 준비하느라 하루하루가 정신없이 갔다.

그렇게 마침내 그날은 왔다. 사무국에서 열린 참가자 오리엔테이션을 시작으로 벽화전의 출발을 알리는 종이 뎅뎅 울렸다. 서울, 인천, 대구, 마산 등 전국 각지에서 19개 팀 40여 명이 참여했다. 지역 미술계에서는 한 사람도 참여하지 않았다. 혹시나 자발적으로 손을 내밀어 도와주는 화가가 있지 않을까 언감생심 기대를 했었나 보다. 그들의 냉담한 눈길이 느껴져 조금은 우울하고 주눅이 들었다. 그냥 이번에는 지켜보겠다는 의미로 해석하고 담담히 받아들이기로 했다. 이것은 굳이 그림 대회라기보다 마을 만들기의 한 방편일 따름이니까.

오리엔테이션에서 벽화전 주최 단체의 담당자이지만 솔직하게 공공 미술, 특히 벽화는 잘 모른다고 미리 양해를 구했다. 동피랑 마을의 취지와 상황을 진솔하게 이야기하고 타고난 재주들로 위기에 처한 미을을 도와주십사 하고 대놓고 읍소했다. 참가자 대부분이 크게 공감하는 눈치였다. 여기저기서 고개를 끄덕거리는 모습을 포착했다. 다행히 다음 날부터 욕먹는 일은 줄고 대신 '어여삐 여기는 눈빛'으로 공모자끼리의 공감과 소통의 웃음이 하하하, 호호호, 원활하게 오갔다.

　작가들이 저마다의 벽을 정하자 본격적인 벽화 그리기가 시작되었다. 낡고 이끼 낀 거친 벽을 박박 긁어내고 쇠솔로 먼지를 떨어내어 면을 고른 후 바탕칠을 시작했다. 앞치마를 두르고 각자 제 키를 넘는 커다란 벽에 밑그림을 그리고 물감을 섞어서 색을 냈다. 햇살마저 조용하던 동네 골목이 갑자기 활기를 띠고 왁자지껄했다. "이, 무신 일이고?"하며 동네 어르신들도 나와서 생전 처음 보는 희한한 구경거리를 신기하게 바라보았다. 꼬맹이들은 언제나 그렇듯 색다른 기쁨을 발견하고는 좋아서 공연히 뛰어다니기를 예사로 했다.

　우울한 일도 있었다. 작가가 며칠 동안 애써 그린 그림을 누군가 페인트와 물을 끼얹어 못쓰게 만들어놓았다. 수소문해 보니 집주인이 그랬다고 한다.

　"기림 기리 준다 캐서 달력에 나오는 멋진 기림을 기리줄 줄 알았더마는 공중벤소 낙서 겉은 기림을 우리 집 담베락에 기리놔서 기분이 나빠가이고!"

　화가 난 주인이 술김에 물을 끼얹어 박박 지워버렸단다. 덜 마른 수성 페인트가 형편없이 뭉개져 눈물처럼 흘러내리고 있었다. 통영의 동서남북 네 방향에서 흙을 가져와 곱게 체에 쳐서 페인트와 섞어 통영이 낳은 음악가 윤이상 선생의 악보를 붙인, 결도 색감도 내용도 모두 다 아름다웠던 그림이다. 작가는 담벼락에 주저앉아 한숨만 쉬고 있었다. 집주인을 대신해서 열심히 사과를 드려보는 수밖에 방법이 없었다. 그런다고 사라진 그림이 돌아오진 않지만 다행히 작가도 이해했다. 단순히 마을을 꾸미는 벽화가 아니라 마을을 살리는 벽화를 그리는 곳, 이곳은 동피랑이니까.

　작가는 잠시 마음을 추스르고 다른 벽을 선택해서 항아리 그림 속에 통영 출신의 시인 김춘수의 '꽃'을 글씨로 새겨 넣었다. 이어서 옆의 긴 벽에 '동피랑에 꿈이 살고 있습니다'라는 그림 글씨를 큼지막하게 그려주고 갔다. 다시금 보고 싶은 한글화가 김반석 작가다.

당시 통영시장인 진의장 시장은 법대 출신이지만 프랑스에서 초대전을 열기도 한 화가다. 무엇보다 행정의 수장이 동피랑 벽에 그림을 그리는 일은 중요하고 중요했다. 커다란 벽을 비워두고 요청했는데 다행히 짬을 내어 작업복으로 갈아입고 그림을 그리러 와주었다. 넓은 면적이 오방색의 벅수로 채워졌다. 동터오는 새벽 기상처럼 힘찬 그림이었다. 시장은 잇닿은 골목집 재래식 화장실 벽에도 어여쁜 그림을 그렸는데 이 그림도 다음 날 깨끗이 지워지고 없었다.

"누가 화장실 벽에다가 기림도 아인 거를 얼룩덜룩 보기 싫거로 항칠(낙서)을 쌔리 해놔서 흰 뺑끼 얻어다가 내가 다 지아삤다."

주인 할머니의 말씀이었다.

이야기가 있는
그림들, 작가들

동피랑 벽화는 스토리텔링 그 자체다. 2년마다 열리는 벽화전에 참여한 모든 팀들의 참가기를 인터뷰하고 기록으로 남긴다. 동피랑의 역사는 사람에서 시작해 사람으로 채워졌다. 그중에서도 유독 기억에 남는 이들이 있다.

첫 번째 벽화전에 어머니와 아들이 참여한 팀이 있었다. 군 입대를 앞둔 아들과 도예가 명지예 씨 가족이다. 도자기를 전공한 작가답게 독특한 제작 방식을 선보였다. 먼저 밑그림을 두툼하게 칠하고 흰색을 덧칠한 다음 긁어내니 선마다 다른 색감이 살아났다. 흰색을 덧칠하기 전 바탕에 두텁게 칠해진 붉고 푸른색을 본 주인 할머니는 기겁을 해서 "제발, 도채비(도깨비) 나오것으니 지워달라"고 부탁을 했다. 그림을 다 완성한 뒤에 보시고, 그래도 지워달라고 하면 지워주겠다는 말에 주인 할머니는 깊은 한숨만 쉬었는데 흰 바탕에 하늘로 오르는 커다란 새가 새겨진 깔끔한 벽화가 완성되자 이제는 지우지 말라고 다시금 찾아와서 부탁했다.

참가자 중에는 벽화 전문가도 있었다. 거미동(거리미술동호회) 김하나 팀은 한 컷의 만화가 연속으로 이어지는 매력적인 그림을 그려냈다. 이 그림은 훗날 동피랑을 찾는 많은 이들의 사진기 속에 담겼다. 특히 쩍 벌린 악어의 입 사이로 머리를 들이미는 포즈는 누구나 한 번쯤 해볼 정도로 유행이었다.

벽화전을 진행하는 사이 동네 주민과 작가의 마음도 통하게 되었다. 마실 것을 가져다 주기도 하고, "덥제?" 하면서 옆에서 부채질을 해주는 분도 있었다. 무엇보다 벽화를 보는 주민들의 얼굴이 다들 웃는 낯이라는 것이 흐뭇했다.

"저… 그래피티도 되나요?"

젊은 남자가 전화로 문의를 해 왔을 때, 나는 그 '피티'가 무슨 장르인지 몰랐다. 몰랐으므로 모른다고 했고 어떤 종류의 그림이냐고 묻자, 젊은 목소리의 상대도 친절하게 일러준다. "아, 뉴욕 지하철의 낙서 같은……." 덧붙여서 우리나라에서는 불법으로 간주되어 어디 마땅히 그릴 곳이 없다고 했다. 꼭 동피랑에 그리고 싶다기에 흔쾌히 오시라고 했다. 다만 비속어나 성적인 단어 등의 선정적인 문구만 자제해 달라고 했다. 그들은 스프레이를 거의 한 가마니나 가져 왔다. 스프레이와 페인트가 어우러지자 속도도 빠르지만 흔쾌함이 작렬했다.

첫 회 참가자 중 특히 관동대 고대연 학생을 잊지 못한다. 그는 먼 강원도에서 왔다. 누가 일러주지 않아도 얼굴에 '나 착함'이라고 새겨진 어진 친구였다. 그림을 그리기로 한 벽은 많은데 그에 비해 작가가 모자라는 것을 눈치챈 그는 일찌감치 영역을 넓히기 시작했다. 혼자서 십여 개의 벽에 그림을 그리고 또 그렸다. 동네 할머니들과의 우정도 더불어 넓혀갔다. 그가 선택한 벽은 작가들 누구도 내켜하지 않는 가장 낡고 험한 벽들이었다. 그가 그린 커다란 지렁이는 '피랑이'라는 이름으로 명명되었다. 여기저기에 크고 작은 피랑이들이 기호처럼 숨어 있거나 슬쩍 나타나 찾는 재미가 있었다. 건강한 흙을 만드는 지렁이, 오염 물질을 자신의 몸을 통해서 기름진 토양으로 바꿔내는 지렁이의 의미가 느껴졌다. 진심을 그린 그가 결국 첫 번째 동피랑 벽화전에서 대상을 수상했다.

그는 솜씨도 없는데 대상을 받아서 고맙고 미안하다고, 방학을 맞아 더운 여름날 다시 보따리를 싸서 동피랑으로 내려와 일주일이 넘도록 남은 빈 벽을 그림으로 채웠다. 동피랑 골목 입구의 벽에 떠다니는 커다란 생선은 그가 홀로 와서 작업한 결과물 중 하나다. 이십 대라는 젊은 나이에 갖추기 쉽지 않은 배려와 심성이었다. 시간이 좀 흐른 뒤 그에게서 전화를 한 통

받았다.

"국장님 저 축하해주세요. 졸업했고요, 취직이 되었어요."

"진짜 축하해. 너는 어디에 가도 인정받는 일꾼이 될 거야. 그런데 어 딘지 물어봐도 되니?"

"강릉 '마을 만들기 지원센터'에서 일하게 되었어요."

"아이고, 그거 돈 안 되는 일인데……."

"괜찮아요. 오히려 좋아요. 동피랑에서 배우고 느낀 점이 많아서 저도 그런 일을 해보고 싶었거든요."

우리의 만남이 잘못된 인연이 아니었기를 바란다. 젊은 친구니까, 아 직 선택할 기회는 많으니까.

동피랑에서 '골목 벽화전'을 일주일 이상 진행하는 동안 한두 가지 작 은 연계 프로그램도 펼쳐졌다. 통영RCE(지속가능발전교육센터)에서 동 피랑 사생대회를 맡아서 진행했고 시청 환경과에서는 동피랑 백일장을 주 관했다. 접수처 천막에 아이들의 시와 수필이 도착하자마자 슬쩍 읽어보는 감동과 재미는 주최 측이 아니면 알 수 없는 즐거움이었다. 아이들이 골목 에 앉아서 그림을 그리고 시를 적는 모습을 지켜본 동네 할머니가 말했다.

"이 동네에 아아들 웃음소리가 끊긴 지가 은젠데 이래 아아들이 올라 와 가이고 떠들고 노는 거 보이 사람 사는 것 같고 참말로 좋네."

첫 번째 벽화전을 마무리하던 날, 먼저 온 화가들은 작업을 마치고 대 부분 떠났으나 뒤늦게 마무리 작업을 마친 작가들과 주민들, 동피랑 벽화전 에 참여했던 시청 부서와 단체, 자원봉사자, 주민들이 한자리에 모여 조촐 한 마을 음악회를 열었다. 풍물이 빠질쏘냐, 덩더쿵 더쿵 장구소리가 덜 마 른 페인트 속으로 녹아들었다. 아름다운 밤이었다. 백일장에 참여한 한 아 이의 시처럼 사람들의 이야기가 피리소리처럼, 음악소리처럼 들렸다.

동피랑 벽화마을 이야기

언덕

충무여자중학교 1학년 7반

류재서

동피랑 언덕 위에
올라서서
동피랑
동피랑
자꾸 부르면
피리소리가 나요

먼 옛날
할아버지의 할아버지가
총각일 적에
나물 캐고
조개 캐는 아가씨를
동피랑 언덕에서 기다렸대요

먼 옛날
할머니의 할머니가
아가씨일 적에
나무하고
고기 잡는 총각을
동피랑 언덕에서 기다렸대요

먼 뒷날에는
동피랑 언덕에서
꿈을 키우던 아이들이
전설되어
전해지겠지요.

첫 번째 동피랑 골목 그림전에 이어, 신청 기간을 놓쳐 벽화를 그리지 못했던 집에 추가 벽화 작업을 하는 '동피랑에서 다시 한 번 붓질을!' 앵콜전도 끝났다. 왁자하던 골목이 다시 조용히 저물어갔다. 뒷정리를 하고 동피랑 할머니들과 이런저런 이야기를 나누었다. 할머니들 그림 감상평이 이어진다.

"저 벡에 기림은 토끼 화상 겉고, 저짝 벡에 기림은 머신지 통 아무리 디다 봐도 모리것고, 저짝은 꽃이라서 좋다. 달구새끼(닭) 기림도 개안타 아이가? 젊은 퇴끼가 늙은 퇴끼 심들다꼬 귓때기 들어올리 주는 기림이 좋거마는!"

"우리 벡에도 꽃이나 기리주던가 안하고 이상한 거로 기리놔서 파이다! 시장님이 기린 기림은 무신 기림이 그렇노? 뻘겋고 노랗고 퍼렇고 그래가이고 도채비 나오것다. 쌔리 항칠로 해놨대."

"하이고 행님, 우리가 몰라서 그렇제, 귀하고 비싼 기림이라 카데요."

"비싸기는 뭣이 비싸? 베르빡을 띠다가 폴아(팔아) 물끼가?"

굽어진 허리를 펴느라 뒷짐을 하고 벽 앞에 서서 고개를 갸웃갸웃거리는 할매, 할배들의 풍경이 더 재미있었다.

통영 사투리 간판 재밌네, 재밌어!

동피랑 벽화를 만나러 가는 길은 가파르다. 초입부터 힘이 든다. 그래서 심심풀이 삼아서 통영 사투리로 된 간판을 제작해서 걸었다. 오시는 분들이 심심치 않게 올라오시라고.

'이 몬당꺼정 오신다꼬 욕봅니다. 짜다리 벨 볼끼 엄서도 모실 댕기듯이 어정거리다 가이소(이 언덕까지 오신다고 수고하셨습니다. 별로 볼 것이 없어도 마실 다니듯이 천천히 걷다 가세요)'로 시작하는 사투리 간판은 모두 아홉 개. 디자인도 제법 산뜻해서 벽화와 잘 어울린다. 벽화와 골목길이 방문객의 눈을 즐겁게 한다면, 진한 통영 사투리로 쓰여진 간판은 따라 읽는 맛이 좋아서 입도 즐거워지는 작은 성공을 거두었다. 내용은 벽화전 당시 할머니들이 하는 말들을 기억해 두었다가 옮겨 적었다. 대부분 동피랑을 찾는 손님들에게 당부하거나 인사하는 내용이다.

한 달 정도 되었을까. 발 빠른 블로거와 카페쟁이들이 다녀가기 시작했다. 물론 언론에 난 기사들도 한몫 했을 것이다. 동피랑을 가려면 어디로 가야 하는지 길을 묻는 이들의 전화가 걸려오기 시작하고 그 후 두어 달 지나니 주말이면 제법 많은 사람들이 오가기 시작했다. 하나같이 카메라를 들고서.

동피랑은 어느새 보이지 않는 물결을 타고 가상 공간에서 먼저 퍼지기 시작하고 있었다. 벽화전은 끝났지만 마을 만들기는 이제부터다. 재개발을 생각하는 행정의 입장은 여전히 변한 게 없다. 아직은 불안하다. 보다 안정되게 마을 만들기를 시작하기 위해 인증서가 하나 있으면 좋겠다 싶어서 우선 '전국 마을 만들기 사례 공모'에 응모했다. 2008 민관포럼에서 행안부장관상인 최우수상을, 2008 전국 마을 만들기 대회에서 우수상 등을 수상했다. 괜한 짓을 한 건 아닌지 행정에 보고를 하면서 내심 눈치를 보고 또 보았다.

2008년
전국 마을 만들기 사례
공모전 참가신청

1. 사업명
아름다운 그 언덕의 속삭임 '동피랑'

2. 사업개요
- 통영시 정량동 동피랑 마을, 철거를 넘어 가치의 재발견으로!
- 2007년 8월~2008년 2월
- 동피랑 벽화 조성을 통한 마을 살리기

3. 추진배경
- 동피랑에 대한 통영시의 개발 계획이 발표되었음
- 동피랑은 통영의 달동네로 영세민들이 모여 사는 언덕 마을임
- 푸른통영21에서 우선의제로 선정함
- 현장 방문과 주민 면담 등을 통해서 새로운 개발 방식 제안
- 국비 확보 및 사업 시작
- 보고서 작성

4. 무엇을 어떻게 했나?
- 2007년 8월 푸른통영21 추진협의회에서 동피랑 마을 재개발 방안 논의
- 크고 작은 동피랑 문화제를 통해 주민들의 삶에 햇빛 비추기를 시작하자
  며 '낡고 오래된 것은 버려야만 마땅한가'를 의제로 선정, 7차 회의 끝에
  재개발에 대한 새로운 대안을 제시하자는 결론을 도출

동피랑 벽화마을 이야기

- 제1회 전국 동피랑 벽화공모전(대상 300만 원)을 열기로 협의
- 사이 프로그램 진행
  동피랑 사생대회(2007년 9월)
  동피랑 백일장(2007년 10월)
  동피랑 음악회(2007년 11월) 등

● 어디까지 진행되었나?
- 2008년 7월 현재, 통영시는 당초의 동피랑 재개발 계획을 변경, 동피랑을 보전하고 주거환경 개선을 통한 마을 가꾸기를 시작하기로 방향 전환

● 어떤 사람들이 참여했고, 참여자들은 어떤 역할을 맡고 담당했나?
- 민관협치의 모범 사례라 할 수 있음. 시청의 환경과, 총무과 지역혁신담당, 중앙동·정량동사무소, 정량동 주민자치위원회, 통영RCE(지속가능발전교육센터), 경상대학교 해양과학대학, 통영교육청, 통영청소년문화회 등이 참여
- 기획회의부터 마지막 마을 음악회까지 역할을 분담하여 릴레이식으로 진행

● 사업 추진 과정에 나타난 문제점들과 해결 과정은?
- 벽화 그림 내용이 마음에 안 든다고 항의하는 주민과의 갈등이 있었음
- 주최 측에서 찾아가서 설득하고 설명하여 동의를 얻어냄

5. 추진 성과 – 어떤 성과들이 있나?
- 철거하여 사라질 위기에 처한 마을이 살아남게 되자 갈 곳이 없어 고민하던 주민들의 안도
- 벽화마을에 대한 주민들의 만족도와 자긍심이 높음

- 기획 당시부터 정책 변화를 이끌어낸 최근까지 추진하는 사람들이 행복
  하였음
- KBS 다큐3일 방송, 한겨레신문 전면 사진 기사 등 언론 보도 21차례
- 언론 보도를 통한 동피랑 방문객 급증(주말 평균 500여 명 이상): 지역
  경제에 도움
- 2008 민관협력우수사례 최우수상(행안부장관상) 수상

6. 향후 전망과 남은 과제
- 통영시와 협의한 대로 주거환경 개선에 착수할 것임: 속 '동피랑의 부
  활'편
- 폐가를 사들여서 주민 소득 증진의 장으로: 주민 일터
- 동네 문화해설가 양성: 방문객을 환영합니다
- 벤치와 나무 그늘 조성: 쉬엄쉬엄 구경 하세요
- 통제영 산하 12공방 재현의 장소로 활용하기: 너의 솜씨를 보여줘
- 전국벽화공모전을 상설 축제로: 동피랑에 벽화 그리러 가세

동피랑 벽화마을 이야기

6 두 번째 벽화전
'동피랑 부루스'

2007년 첫 번째 벽화전을 우여곡절 끝에 치루고 난 후, 2년이 지나도록 동피랑 마을은 무사했다. 통영시에서도 당초의 동피랑 재개발 계획을 수정하여 동피랑을 보전하고 주거환경 개선을 통한 마을 가꾸기를 시작하는 것으로 방향을 전환했다. 벽화전 개최 이후 수많은 언론과 사람들이 동피랑을 찾아왔다. 그 방문객 덕분에 동피랑은 사라지지 않고 살아남았지만 아직 가야할 길이 멀었다. 우리는 두 번째 동피랑 벽화전을 계획했다. 첫 벽화전은 급작스러운 상황에 쫓겨 준비가 서툴렀다. 어설픈 실수의 경험들을 잊지 않고 있는 동피랑 특별위원회 위원들이 다시 모였다.

"동피랑 벽화전을 4월에 하겠다고 이미 홍보를 했습니다. 첫해 경험을 비추어 볼 때 사무국이 적은 인원으로 감당하기가 너무 힘들어요. 사전 준비를 좀 도와주셨으면 합니다."

사무국이라고 해봐야 맨날 밖으로 불려다니고 돌아다니는 나, 사무실을 지키고 앉아 무수한 서류 작업과 사무를 봐야 하는 위관옥 간사 둘밖에 되지 않았다. 사정을 뻔히 아는 시청과 특위 위원들이 마을 주민들에게 작업 동의서를 받고 벽에 표시하는 일을 나눠서 진행하기로 했다.

"그림의 연결성, 즉 장소 선정이 중요하다고 생각합니다."

유용문 특위팀장의 이야기를 시작으로 벽화 작업에 대한 본격적인 대화가 오가기 시작했다. 첫해와는 또 다른 볼거리를 주는 벽화가 필요하다는 인식, 그러면서도 동피랑의 정체성을 구축해가야 한다는 인식을 모두 공유하고 있었다.

"거기 살면서 드는 생각은 벽화가 그림만 있는 것이 아니라 이야기가 있으면 좋겠습니다. 추억이나 전설 같은 내용으로 공모를 하든지, 통영에 대한 이야기를 소재로 공모에 넣으면 어떨까 생각합니다. 전국에 동피랑 말고도 벽화가 많은데 동피랑만의 특색이 어떤 게 있을까 고민해봐야 한다고 봅니다."

통영에서 '사람과 삶'이라는 문화예술 교육 연구소를 운영하는 전안수 위원은 문화예술에 대한 이해도 깊지만 동피랑에 살고 있는 주민이기도 해서 더 생생한 이야기를 들려주었다.

"동피랑이 재미있는 것은 느닷없음에 있다고 느낍니다. 현장에서 오는 반응은 자유롭고, 통일된 주제도 없고, 실력도 천차만별이라는 것이 오히려 좋다는 의견들이에요. 오리엔테이션을 1박 2일 동안 하려고 하는데 주제를 제한할 것인지, 자유 형식으로 갈 건지 좀 더 의견을 주셨으면 합니다."

"1차 작업을 보면 수준 차이, 이해 차이가 있는데 오히려 관광객들이 좋아하는 것은 정리된 것 중에서 정리 안 된 것을 찾아내는 재미였던 것 같습니다. 미술에 대해 관심이 있는 사람은 정리되고 순서가 있는 것이 좋다는 견해가 대부분이고요. 자칫 주제를 잘못 정하면 다들 알고 있는 몇몇 선례들처럼 한 번 가면 다시 보기 싫은 70년대 반공 포스터 같은 느낌을 주게 될 겁니다."

기획쟁이들은 틀을 만드는 게 몸에 배어 있다. 그래도 그 습관을 버려야만 할 때가 있다. 동피랑의 벽화는 제각각인 다양성이 매력이라 주제가 너무 좁고 선명하면 사람들에게 제약이 된다. 상상력을 열어주어야 한다. 주제 외에도 두 번째 벽화전이라 따라오는 고민도 있었다.

"공간, 골목길도 역사성이 있는 건데, 지금 있는 것 중에서 다 지우지는 말고 한두 군데는 남겨두어야 하지 않겠습니까. 동피랑의 역사가 될 수 있으니까요."

"주민들이 좋아하는 그림도 있던데 싹그리 지우는 것에 대한 시비는 없겠습니까?"

동피랑 벽화마을 이야기

유용문 팀장과 행정 담당자가 비슷한 의견을 냈다. 그러나 바닷바람 맞고 수많은 사람을 맞이했던 그림의 수명이 다해가고 있었다.

"2년 뒤에 지운다는 것을 먼저 공지했습니다. 이미 낙서로 인해 낡아가고 있어 2년을 더 버틸 수는 없을 거예요."

그 외에도 이런저런 이야기와 아이디어가 오고 갔다. 회의는 회의적이지만 그래도 하나 보다는 둘, 둘 보다는 셋, 이왕이면 여럿이 머리를 맞대고 의견을 주고받다 보면 뭔가 든든함이 느껴진다. 부족한 일손도 기꺼이 돕겠다고 하고, 할 수 있는 일은 최대한 함께하겠다고 나서는 동피랑 특별위원회 위원들이 아니었다면 우리처럼 작은 단체에서 이 일을 계속할 수 없었을지도 모른다.

7   더 깊어진 벽화전

2010년 4월 2일부터 11일까지 열흘간 통영 동피랑 마을에서 벽화전이 열렸다. 지난 2007년 1차 동피랑 골목 벽화전에 이어 두 번째로 열린 벽화전의 주제는 '동피랑 부루스'로 서민들의 삶과 애환, 자유와 희망을 붓의 선율로 표현해보자는 의미다. 1차 벽화전에는 19개 팀이 참여한 데 반해 2차 벽화 공모전에는 전국에서 41개 팀이 참가 신청을 해왔다. 이는 통영 동피랑이 각종 매체와 인터넷 블로그, 카페 등을 통해 전국에 알려진 결과가 아닌가 한다.

'동피랑 부루스' 벽화전 참가자들의 특징을 살펴보면 인천, 서울, 강원도, 광주, 대구, 부산, 창원, 마산, 고성, 거제 등 전국에서 참여하고, 동피랑 1차 벽화전에 참여했던 세 팀이 다시 참여를 신청해온 점이 좋았다. 십대(통영여자중학교)에서 육십 대까지 다양한 연령이 참가한다는 것과 통영 미술인들의 참여가 전혀 없었던 1차 때와는 달리 통영 지역에서 참가 신청이 많은 점(14개 팀), 무엇보다 통영의 고등학교 유명 미술 동아리 세 팀이 모두 참여 신청을 해온 게 사무국 입장에서 반가웠다. 최대인원 참여 팀은 경상대학교 에코캠퍼스 팀. 자그마치 31명이다. 그 외에도 참여자들의 다양한 직업군이 재미있었다. 벽화 전문가, 전업 화가는 물론 평소 그림을 사랑하고 미술에 소질 있는 이들이 다양하게 참여했다. 대기업 홍보팀, 춤이 전공인 프로 댄서팀, 음악 전공자, 지역언론사, 외국인 두 팀, 일반인과 주부, 화가 지망생인 어린 학생들까지 정말 각양각색의 사람들이 모여들었다.

참여자들의 면면이 다채로워지고 풍성해진 만큼 주최측의 준비 역시 1회 벽화전의 경험을 바탕으로 더 단단해졌다. 가까운 페인트 가게들을 찾아 다니며 벽화 작업에 필요한 페인트를 구비해 두도록 사전에 조율하고 사다리와 디딤틀, 바닥 오염 방지용 비닐, 앞치마 등도 넉넉히 준비했다.

동피랑 벽화마을 이야기

참가자를 위한 식당과 숙소 안내 유인물도 제작하고 작업 시작 전 마을사람과 참가자가 함께 어우러지는 마을 잔치를 위한 음식, 프로그램도 미리 챙겼다. 벽화를 그리려면 무엇이 필요하고 주최측이 어디부터 어디까지 준비해야 하는지 미처 알지 못하고 치러야 했던 첫 회의 좌충우돌 경험이 재산이 되었다.

참여자들

참가자 전체 오리엔테이션은 통영시청 강당에서 진행했다. 이는 소소하고 자신감 없이 진행했던 1차전과 달리 시청이 함께하는 민관 협치로 나아가는 계기가 되었다. '동피랑 부루스'라는 제목으로 진행한 벽화전은 처음 계획했던 팀 수는 30개 팀이었지만 그보다 훨씬 많은 41개 팀, 70여 명이 참가했다. 오리엔테이션은 금요일, 참가자들은 동피랑에 대한 구체적인 사연을 듣고 벽화 작업에 대한 대략적인 감을 잡았다. 그리고 바로 이어진 현장 답사를 통해 그림을 그릴 벽을 만나는 것으로 오리엔테이션이 끝났다. 팀이 뽑은 번호표와 벽을 확인하는 순간 "오 마이 갓" 비명이 터져 나오기도 했고, "우와 내 벽이야" 환호성을 지르기도 하는 등 희비가 교차했다. 곧장 작업복으로 갈아입고 기존 벽화 지우기에 돌입하는 팀도 있었다. 멀리서 온 사람들은 이른 아침부터 작업을 서둘렀다.

누군가 혹시, 시간도 있고 동피랑 벽화에 참여할 마음도 있는데 경험이 없어서 망설이는 사람이 있다면 과감히 시도해 보라고 권하고 싶다. 처음 하는 작업이라고 겁먹을 필요 전혀 없다. 필요한 것은 창의력보다도 튼튼한 체력이다. 주최 측도 체력 관리에 신경을 써야 한다. 하루에도 몇 번씩 무거운 것을 들거나 이고 언덕을 오르락내리락 하기 위해서는 두어 달 전부터 다리에 힘을 키워야 한다. 행사 기간 중에 주최 측 관계자는 몸살이 나거나 배탈이 나서도 안 된다.

체력이 필요한 중노동

벽화 작업은 벽을 긁어내는 '벽 고르기' 작업부터 시작한다. 이미 뭔가 그려져 있는 벽을 깨끗하게 하기 위한 경우도 그렇고 아무것도 그려져 있지 않은 벽이라도 묵은 때와 먼지를 벗겨내야 한다. 벽을 깨끗하게 벗겨내야 페인트가 잘 먹기 때문이다. 주걱칼로 벽을 긁어내는 작업이 아마 벽화 작업 중 가장 힘든 일일 것이다. 지구력과 집중력, 힘도 필요하고 시간도 많이 걸리고, 풀풀 날리는 흙먼지가 온몸을 뒤덮고 눈에도 들어가기 때문에 고통스러운 노동이다. 여린 아가씨들은 이때 먼저 지쳐간다. 보기에도 안쓰럽지만 힘내라고 격려해주는 수밖에. 벽을 긁어낸 다음 단계는 솔이나 빗자루로 벽에 남은 흙먼지를 깨끗이 쓸어내는 것이다. 이때 물걸레 같은 것으로 깨끗이 닦고 하루 말려주면 더욱 깨끗한 벽을 얻을 수 있다.

바탕칠 또한 그냥 막노동이다. 페인트용 롤러나 큰 붓으로 흰색이나 미색 등의 옅은 색으로 벽 전체에 골고루 펴 바르는 작업이다. 너무 두껍게 바르면 쉽게 금이 가고 벗겨지고, 너무 얇게 바르면 밑의 색이 훤히 비친다. 적당히 골고루 펴 바르는 것이 중요하다. 사람에 따라 두세 번 덧칠을 하는 경우도 있다. 바탕칠을 한 다음엔 벽을 하루 종일 햇볕에 말린다. 이때 비라도 오면 낭패다. 바탕칠을 끝내고 다 마르면 다음 작업을 계속한다. 그 다음 작업은 밑그림이다. 작업 방법이나 내용에 따라 밑그림은 생략할 수도 있다. 밑그림은 각자 취향에 따라 연필, 크레용, 노란색 페인트, 매직펜 등을 사용한다. 완성할 그림에 맞추어 각자 알아서 잘 사용해야 한다. 어떤 경우든 지우는 건 불가능하다. 흰색이든 다른 색이든, 색은 색으로 덮는 수밖에 없다.

벽화 작업에 쓰는 페인트는 수성과 유성이 있다. 유성은 주로 거친 표면을 칠하는 데 쓴다. 동피랑에 있는 벽들은 대체로 깨끗한 표면의 벽들이므로 사람들은 다루기 쉬운 수성 페인트를 주로 사용한다. 유성 페인트는 굳었을 때 기름이나 용해제를 이용해서 녹여서 다시 쓴다. 수성 페인트는 굳으면 위쪽에 얇은 막이 생기는데 그것을 걷어내고 물을 섞어서 쓰면 되기 때문에 다루기 쉬운 편이다. 그리고 수성 페인트는 물의 양과 흰색 페인트를 이용해서 색의 농도를 조절할 수도 있다. 상대적으로 가격이 싸기도 하다.

수성 페인트는 물이 묻으면 무조건 지워져 흘러내릴까 걱정들을 한다. 하지만 일단 마르면 벽에 단단하게 들러붙는다. 물론 유성보다 오래 가지 못한다는 단점이 있고 햇볕에 색이 잘 바래는 편이기도 하다. 잘 떨어지기도 한다. 그래도 작업 진행 자체가 한결 용이하기에 대부분의 벽화는 수성을 사용한다.

바닥에 신문지나 비닐을 까는 것은 벽화 작업을 처음 하는 사람들이 까먹고 넘어가기 쉬운 부분이다. 나중에야 아차 하지만 그때는 이미 늦었다. 한참 작업하고 내려다보면 바닥은 이미 페인트가 튀고 흘러내려 더러워져 있기 때문이다. 그걸 미리 막으려면 바닥에 무언가를 까는 수밖에 없다. 페인트 작업을 위한 깔개용 비닐을 따로 파는데 청테이프로 바닥에 고정시켜야 바람에 날아가지 않는다. 물론 바닥에 페인트가 튀어도 크게 걱정할 필요는 없다. 사람들의 시선은 바닥에 튄 페인트 자국으로는 잘 가지 않는다. 그러나 바닥이 너저분해지면 주민들이 싫어한다. 어떤 팀은 흘러내린 페인트 자국을 감추기 위해 바닥에 꽃잎을 그려 넣는 센스를 발휘하기도 했다.

처음 참여 작가들의 짐을 보았을 때는 깜짝 놀랐다. 차 트렁크 한가득 각양각색의 페인트들을 싣고 왔기 때문이다. 하지만 알고 보니, 그때그때 페인트를 섞어 만든 색깔들이 남아서 보관하며 다니는 것이라 했다. 벽화 작업을 위해 새로 살 페인트 색깔은 대여섯 개 정도면 충분하다. 나머지는 서로 섞고 조합해서 만들면 된다. 흰색을 많이 쓰기 때문에 흰 페인트는 주로 큰 통으로 산다. 팔레트는 따로 필요 없다. 일회용 접시를 쓰는 팀도 있었고 종이컵을 사용하는 팀도 있었다. 굴러다니는 헌 그릇이나 나무 조각을 주워와서 사용하는 팀도 있다.

　벽화는 보통 하루 종일 서서 작업을 하기 때문에 꽤 체력을 요하는 작업이다. 가만히 서서 그릴 수만 있다면 그나마 다행이다. 땅바닥 구석에 쭈그려 앉거나 사다리 타고 높은 곳에 올라가서 그림을 그려야 할 때면 체력이 두 배로 요구된다. 벽화는 잘 그리기도 어렵지만 그냥 그리기도 어려운 작업이다. 사다리도 페인트도 누가 가져다 주지 않는다. 아무리 전문가나 예술가라도 자기가 직접 옮기고 갖다 놓아야 한다. 숙소에 가기 전에는 대충이라도 치우고 가야 한다. 사용한 도구도 본부에 갖다 놓아야만 한다. 도구들 다 갖춰주고 보조 도우미도 붙여주고 딱 그림만 그릴 수 있게 해주는 게 아니다. 그림 그리는 것 외에도 여러 가지로 힘이 들고 노력을 기울여야만 하는 작업 환경이어서 작가들에게 날마다 미안했다.

8   동피랑에 모인
각양각색의 이야기

두 번째 벽화전에서 가장 눈에 띄는 팀은 아무래도 '백김치' 팀이었다. 통영에서 영어강사를 하고 있는 두 서양인 '애덤'과 '터커'로 이루어진 팀이다. 애덤은 어쩌다보니 한국에 영어강사로 오게 됐다며 너스레를 떨었다. 여행을 좋아해서 전 세계를 다니며 영어강사를 하고 싶었는데 마침 한국에 자리가 나서 잽싸게 왔다고 한다. "왜 하필 통영이냐. 많은 영어강사들이 서울로 가잖아. 거긴 홍대 클럽도 있고, 놀기 좋잖아?"라고 물어봤다. 그랬더니 돌아오는 대답은 아주 간단명료했다. "대도시는 싫어."

미국인 터커는 약혼녀를 따라 한국에 왔다고 한다. 어느 날 약혼녀가 "한국에 가자" 해서 그냥 따라 왔단다. "달리 가고 싶은 나라가 없었냐"고 물으니, "약혼녀와 함께라면 어디라도 좋다"는 대답을 했다. 옆에 약혼녀가 보고 있는 것도 아닌데 아부성 발언이 너무 심하다. 그렇게 별 생각 없이 따라오긴 했지만 지금은 한국이, 특히 통영이 무지무지 마음에 든단다. 옆에서 애덤도 "Me, too"라고 거들었다. 하지만 독특한 사람들은 애덤과 터커 뿐만이 아니었다. 통영에 자리를 잡고 있는 그들의 친구들도 꽤 많았다. 시간 날 때마다 먹을 것을 싸 와서 벽화 그리는 친구들과 수다를 즐겼는데 대부분 통영에서 영어강사를 하고 있는 서양인들이었다.

터커의 약혼녀도 자주 들러 이들의 작업을 도왔다. 터커의 약혼녀는 제빵사 자격증이 있다고 한다. 그래서 터커는 수시로 약혼녀가 만들어 준 거라며 빵이나 과자들을 이웃한 작가들에게 나눠 주었다. 맛도 있었나. 특히 바나나머핀은 통영에 빵집을 차려도 될 정도였다.

애덤과 터커는 한 획 한 획 그을 때마다, 뒤로 나와 전체적인 모습을 보며 서로 상의하고 토론했다. 정말 성의 있게 한 땀 한 땀 그려나갔다. 토론하고 논의하며 함께 진행하고 완성하는 과정 자체가 벽화의 진짜 묘미일지도 모른다.

동피랑 북쪽 언덕 외진 곳에 벽과 지붕의 뼈대만 앙상하게 남은 폐가가 있는데 눈에는 계속 걸리지만, 너무 낡아서 차마 팀을 배정하지도 못했다. 그런데 어느 날 벽화 작가 한 명이 그 집에서 나오는 것이었다.

"거기서 뭐하세요?"

"아, 여기가 무척 마음에 들어서요. 추가로 작업해도 되겠지요?"

자신의 벽에 그림을 다 그린 윤설 작가의 눈에 띈 낡은 집은 사실 동네 불량배들이 급하면 볼일을 보고 가곤하던 폐가였으나 벽화전 이후 멋진 이야기가 있는 공간으로 변신했다. 떨어져 나간 문짝은 꽃들이 내다보는 창문으로 변했고 집 안은 동화책으로 탈바꿈했다.

벽화 작업이 진행되는 내내 스태프들은 온종일 돌아다니며 진행 과정을 살핀다. 판판하고 깨끗해 그림 그리기 좋은 벽을 고른 팀도 있지만 다른 측면에서 작업하기 좋은 장소를 고른 팀도 있다. 작업하기 좋은 장소란 사람들이 많이 오가지 않는 위치에 전망도 좋고 진행 본부와도 가까워서 도구 보관도 용이한 곳이다. 한마디로 오붓하게 팀원들끼리 모여 조용하게 작업에 열중할 수 있는 곳이다. 동피랑 꼭대기로 올라가는 골목은 좁고 길다. 벽화를 그리지 않을 때도 두 사람이 겨우 나란히 설 수 있을 정도의 좁은 골목이다. 벽화전을 벌이는 기간 주말이 되면 벽화 그리는 사람들과 구경 온 사람들이 뒤엉켜 이 좁은 골목은 사람들로 가득 차곤 한다. 벽이 아무리 깨끗하고 작업하기에 좋아도 소란스러운 곳에서 집중을 잘 하지 못하는 타입이라면 동피랑 언덕의 좁은 골목길은 힘든 장소가 된다. 반면 너무 외톨이로 떨어져 작업하는 것이 싫다면 동피랑 북동쪽 골목은 쓸쓸해서 쉽게 지칠 수도 있다. 물론 벽화 작업은 하루 종일 '벽 보고 서 있는' 일이다.

동피랑 벽화마을 이야기

하지만 작업 분위기나 환경도 작품에 영향을 미치기 때문에 작가들은 벽 번호를 뽑을 때 기도하는 심정이었다고 말한다.

벽화전은 정말 다양한 사람들이 모인다. 그중 통영여중 학생들은 비록 학업 때문에 자주 나오진 못했지만 여럿이 모여서 벽화 한 부분을 완성했다는 점이 특별한 기억으로 남을 것이다. 친구들끼리 어울려 떠들고 놀면서 음악을 틀어놓고 길거리에서 춤도 추고 게임도 하며 벽화를 그려가는 모습이 보기 좋았다. 벽화전은 엄숙한 작품 활동이기 보다는 함께 어울려 노는 축제의 성격도 있기 때문이다. 통영여중 아이들이 그려놓은 벽 위에 세부적인 것들을 추가해서 좀 더 예쁘게 보이도록 마무리 작업을 하러 오신 선생님 모습도 아름다웠다. 덕분에 아이들 그림에 디테일한 부분들이 더해졌다.

달라진 동피랑

벽화전 이후 동피랑 마을과 근처에 사는 꼬맹이들의 꿈이 많이 바뀌었다고 한다. 저도 나중에 커서 화가가 될 거라고 한단다. 뒤에서 쭈뼛거리며 구경에 한창인 아이에게 마음 좋은 작가들은 붓을 한번씩 쥐어 주었다. 처음 잡아보는 페인트 붓이라 마음대로 잘 움직일 수는 없지만 조금씩 조심스럽게 붓을 움직이던 아이들. 같이 구경나온 아빠가 도와주고 언니가 도와주기도 했지만 아이는 자신의 손에 붓이 쥐어져 있다는 사실 하나만으로도 아주 황홀한 기분이었나 보다. 붓이 움직일 때마다 눈에 띄게 표정이 바뀌었다. 천천히 색칠을 다 하고 난 다음에는 작업을 멈추고 붓을 넘겨주는 센스도 잊지 않았다. 그리고 입이 귀에 걸릴 듯 환한 미소. 엄마를 보며 폴짝폴짝 뛰며 기뻐하는 모습. 아주 작은 부분이었지만 아이가 자기 손으로 동피랑 벽화의 일부를 칠했다는 그 기억을 오래오래 간직해 나중에도 아름다운 세상을 만드는 데 한몫 하는 정말 '예쁜' 사람이 되었으면 싶다. 아울러 이 도시, 이 세상은 누군가 만들어주는 대로 살아가는 곳이 아니라 우리가 직접 만들어 가는 곳이라는 사실을 알게 되었으면 좋겠다.

　동피랑에도 당연히 개가 산다. 꼭대기로 올라가는 골목에는 개가 없지만 아래 동네에는 개들이 좀 있었다. 이 개들이 참 희한하다. 대체로 낮에는 낯선 사람들이 많이 지나다녀도 별로 짖지 않는다. 이미 낯선 사람들이 지나다니는 것에 익숙한 듯했다. 그런데 밤에는 이 길을 지나다니는 동네 주민들을 보고도 짖어댔다. 특히 술 취한 사람에겐 꼭 짖었다. 뭐라 나무라는 것처럼, 잔소리하는 마누라처럼. 그러나 이 녀석들이 벽화 그리는 사람들을 보고는 절대 짖지 않는다. 첫날부터 그랬다. 앞치마 두르고 붓을 들고 있으면 가까이 가도 꼬리를 살랑살랑 흔들며 반겨주었다. 때로는 벽화 작업하는 것을 물끄러미 바라보기도 했다. 그렇다. 개들도 엄연히 동피랑의 주민들이었던 것. 서당 개 삼 년이면 풍월을 읊는다던가. 동피랑 개 삼 년이면 미술을 안다!

　세계적인 작곡가 윤이상의 초상화를 그렸던 할머니의 집. 작업자들이 고생한 건 새삼 말할 필요도 없지만 이 집에 사는 할머니도 참 수고가 많았다. 봄이긴 했지만 여름처럼 내리쬐는 뜨거운 햇살이 충만한 날들이었다. 그런 와중에 페인트가 튀지 않게 하기 위해 창문을 비닐로 온통 덮고 있었다.

"어머니, 조금만 참으세요. 금방 마칠게요."

"개안타. 바거테 나오모 되는데 뭐."

"근데 어머니 벽에 그려진 저 양반이 누군지 아세요?"

"모린다. 생전 첨 보는 영감을 멋지게 기리주서 고맙지 뭐."

그림보다 더 고운 사람들

'음악가족'이라 불렸던 팀은 팀명 그대로 음악 가족이었다. 어여쁜 두 딸이 모두 러시아의 유명한 음대에서 유학 중이었다. 유학 생활을 하다가 한국에 잠시 들어올 일이 생겼는데 마침 날짜가 동피랑 벽화전과 맞아떨어져서 참가했다. 말이 쉬워 '마침 날짜가 맞았다'지, 사실 두 딸은 귀국한 바로 이튿날부터 동피랑에 와서 그림을 그리기 시작했다. 그리고 벽화전이 끝난 바로 다음 날 다시 학업을 계속하기 위해 떠난다고 했다. 그러니 올해 휴가는 완전히 동피랑에 바친 셈이다. 물론 벽화를 처음 그려보는 가족이었다. 여러모로 시행착오를 거치는 모습도 보였지만 하루를 온종일 벽화 작업에 바치는 것으로 극복해냈다. 다른 팀들과는 구별되는 독특한 소품들을 사용했고 주변의 사물을 이용한 색다른 시도들도 눈에 띄는 팀이었다. 개인이 소장하던 트럼펫과 낡은 바이올린도 벽화에 이용하였다. 아쉽게도 이것들은 얼마 지나지 않아 사라졌다.

동피랑 벽화는 한정판이다. 날이면 날마다 있는 것이 아니고 길어봐야 수명 2년으로 유통기한이 정해져 있다. 작가들도 이 사실을 잘 안다. 하지만 그들은 2년간의 수명을 위해 최선을 다해 땀 흘린다. 나폴리 모텔쪽 길가에 '동피랑에 오신 것을 환영합니다'라는 문구와 함께 모퉁이 옆으로 사람 셋이 'welcome'이라고 말하ㄱ 있는 그림을 그린 이는 다국직팀이었다. 외국인 남자 두 명과, 한국인 여자 한 명으로 구성된 팀이었다. 서울에서 주말마다 내려와서 작업을 했는데, 벽화에 그려진 세 사람은 각각 프랑스, 한국, 폴란드를 뜻한다. 벽화 작업에 참여한 세 사람의 국적을 나타낸 것이다. 조금 과장을 보태어 세계 속의 동피랑을 느낄 수 있는 그림이라 하겠다. 그런데 아마추어라서 그림은 정말 좀 그랬다. 훗날 방문객들 중에는 "저 그림은 초등학생이 그렸나요?"라고 묻는 이도 있었다.

동피랑 주 출입로인 입구 쪽의 경사진 벽들은 작업자들에겐 사실 기피 대상들 중 하나였다. 벽들이 워낙 길고 넓은 데다 경사가 심해서 자세마저

비뚤어지니 작업자들이 허리 통증을 호소하기도 한다. 이곳을 뽑게 되어 명태를 방망이 삼아 야구하는 그림을 그린 이는 지역 신문사 기자다. 벽화전 참여는 회사일이 아닌 관계로 주말 시간을 이용했다. "벽화를 처음 그려 봤는데 다시는 못할 짓"이라고 진심이 가득 담긴 한마디를 남겼다.

거제시에 있는 대형 조선소 직장 동료들로 이루어진 팀도 있었다. 처음 바탕색은 두어 명이 칠했는데 나중에 본격적인 벽화 그림은 일고여덟 명쯤 되는 인원들이 몰려와서 그렸다. 그림 그리는 모습이 참 볼 만했는데, 여러 가지 장비들을 동원해서 마치 암벽 타기를 하는 것처럼 매달려서 벽화를 그렸다. 그것도 파란색 작업복을 유니폼처럼 입고서. 이 모습을 본 사람들은 벽화보다 더 희귀한 구경을 하는 표정들이었다. 회사 로고를 그리는 것은 절대 안 된다고 그렇게 부탁을 했건만, 그림을 마치고 철수한 후 자세히 살펴보니 기어코 풍선기구 속에 조그맣게 회사 로고를 새겨넣었다. 지극한 충성심의 발로라고 이해해주기로 하고 지우지는 않았다.

언덕 위에 하얀색 바탕 위로 아기자기한 건물 그림들이 그려진 벽화는 '삼토끼'라는 팀이 그린 것이다. 토끼띠 세 명이라 삼토끼라고 지었단다. 아리따운 여성들로 구성된 팀이다. 언덕 위 골목 안쪽으로 일부러 찾지 않으면 갈 일이 별로 없는 곳이라 벽화 그리는 내내 호젓한 작업실 분위기를 잘 유지했던 곳이었다. 손전화에서 울리는 조용한 음악과 함께 작업에 열중하던 그 모습이 잠시 정지된 화면이 되어 벽화 속으로 들어가 그림이 되기도 했다.

팀별로 작품에 집중하는 시간도 모두 달랐다. 평일에 직장에 나가고 해질녘에 와서 밤도둑처럼 그리는 팀도 있었다. 매일 밤에만 나와서 손전등을 비추거나 희미한 가로등 밑에서 작업을 하는 것이었다. 주민들에게는 하룻밤 자고 일어나면 변해있는 벽을 보는 재미도 쏠쏠했다.

연두색 바탕에 소년, 소녀들이 그려진 벽화는 미술학원을 운영하는 여

동피랑 벽화마을 이야기

성 팀이 그렸는데 그중에서도 배를 드러낸 소년이 인기가 많았다. 지나는 사람들이 한 번씩 그 배를 만지고 지나기도 한다. 벽화는 만지거나 기대고 싶은, 혹은 그림 속으로 들어가서 같이 하나의 풍경이 되고 싶게 만드는 마력이 있는 공공미술이다.

어린왕자와 스펀지밥이 있는 그림은 세 명의 젊은 처자들이 그렸다. 처음에 세 명이 나란히 서서 '박박' 벽을 긁어대던 모습이 인상 깊었다. 셋 모두 모자를 눌러쓰고, 마스크를 쓴 상태에서 손에는 주걱칼을 들고 있었기 때문에 아침에 아무 생각 없이 가다가 이들을 딱 보고는 흠칫 놀라기도 했다. 어린왕자가 있는 벽의 모퉁이를 돌면 보아뱀이 그려져 있어 구성의 재미가 있다.

어린왕자 옆쪽에 골목길 풍경을 그린 팀은 경상대 에코캠퍼스 팀이다. 이들은 벽화 작업 외에도 각종 노동에 차출되었다. 자원봉사 겸 벽화를 남기자는 작전이었다. 참가자들에게 생수 날라주기, 사다리 수거하기, 짐 정리하기 등을 하다가 짬이 나면 다시 돌아와 벽 앞에 섰다.

하늘과 금붕어 그림은 미대에 재학 중인 대학생들이 그린 그림이다. 바로 옆에 이어진 구판장의 파란색 벽과 마치 세트를 이룬 듯한 느낌이지만 사실 두 팀은 완전히 다른 팀이고 색깔을 맞추자고 논의한 적도 없다. 어쩌면 여기가 하늘과 가까워서 이심전심으로 파란색이 통했는지도 모르겠다. 통영은 푸른색 계열, 특히 코발트블루와 잘 어울리는 곳이다. 이제 이 골목은 앞으로는 푸른 바다, 위로는 푸른 하늘을 두고 그 사이에 파란 물결의 벽들이 쭉 이어질지도 모르겠다.

예술에 빠진 동피랑 사람들

작업 방식의 차이만큼 작품을 즐기는 사람들 또한 차이가 많다. 벽화전을 대하는 주민들의 뜨거운 지지는 언제나 힘이 된다. 한 번은 길 가던 분이 이번 벽화전에 대해 조금 안 좋은 말을 했나보다. 그걸 동네 아저씨가 듣고는 노발대발 해서 싸움이 날 뻔 했을 정도다. "이 사람들이 고생해서 우리 마을 예쁘게 해 주는데 너는 뭐 아는 게 있다고 그 따위 소리를 쳐써 부리느냐"며 한바탕 시끄러웠다.

벽화를 원하는, 아니 예술을 간곡히 원하는 주민들은 많았다. 길가에 덩그러니 놓여있는 볼품없는 네모난 단층집에도 화사하게 벽화가 그려졌다. 예정에 없는 작업이 진행된 집이다. 이 벽화를 얻기 위해 집주인 할머니는 꽤 많은 노력을 해야만 했다. 이미 벽화 그릴 자리가 다 정해진 상황에서 할머니께서 어느 날 갑자기 등장하신 것이다. 몸이 아파서 멀리 있는 아들네에 있다가 돌아오니 이미 벽화전이 시작돼 버렸다고, 우리 집도 그려 달라고 벽화 작업하는 사람들에게 틈 날 때마다 부탁을 한다는 소식을 듣고 찾아갔다. 시간이 남는 작가가 있을까, 난감한 상황 속에서 하루하루를 보내던 어느 날 다행히도 늦게 합류한 전문가 팀이 이 집을 맡겠다고 나섰다. 할머니의 흐뭇한 표정을 잊기 어렵다.

이처럼 벽화전을 하다 보면 뒤늦게 찾아와 우리 집 벽에도 벽화를 그려 달라는 때 늦은 요청이 들어오기도 한다. 미리 담벼락 사용 허가와 신청을 일일이 받는데도 때를 놓친 분들이 많았나 보다. 사실은 별 관심이 없다가도 이렇게 벽화 그리는 모습을 보니까 이웃집 벽이 은근히 좋아 보여서 뒤늦게 용기를 내서 찾아오는 주민들도 있다. 그럴 땐 어찌하냐고? "알아보기는 할게요"라고 말하고는 잽싸게 작가를 섭외하러 뛰어다닌다. 주최측에서 알면 기분이라도 상할까봐 이미 정해진 벽에서 그림을 그리고 있는 작가들에게 다가가 여기도 저기도 그려 달라며 은근히 음료수 뇌물을 바치는 동네 어르신도 있었다.

사진ⓒ이상희

각양각색 벽화만큼이나
벽화를 그리는 작가들의 모습도
제각각 개성 넘치고 다채로웠다.

동피랑 담벼락을 볼 때마다
사람들의 얼굴이 새록새록 떠오르고,
그들의 사연이 말을 거는 것 같다.

동네 아이에게도 선뜻
붓을 건넬 줄 아는 마음,
그 마음들이 모여 동피랑의 오늘이 있다.

동피랑 벽화마을 이야기

동피랑 벽화전은 축제의 장이다.
프로 작가는 물론 아마추어 작가도
동피랑에 와서 그림을 그리는
그 과정 자체를 즐긴다.

그리고 그 에너지는
동피랑 주민들에게도 전해져
활력이 된다.

동피랑 벽화마을 이야기

두 번째 벽화전을 마치고 얼마 후부터 소음과 불편에 대한 해소 방안을 심각하게 고민해야만 하는 시기가 왔다. 여름이면 '난닝구' 차림으로 골목 사이로 불어오는 바람을 즐기던 노인들이 집 안으로 갔혔다. 사진기를 훈장처럼 가슴에 하나씩 매단 방문객들은 아무데나 무턱대고 렌즈를 들이대고 찍어대기 시작했다. 할머니의 속곳도, 낡은 화장실도, 열린 문틈으로 보이는 집 안의 남루한 일상까지. 덥고 습한데다 에어컨은커녕 선풍기도 제대로 없는 집 안에서 노인들이 너무너무 갑갑하고 힘들어졌다.

불편을 재화로 교환해야 한다. 이는 동피랑 두 번째 벽화전을 시작하면서 염두에 두었던 중요한 대목이다. 공간을 확보해서 주민들의 실생활 경제에 도움이 되는 것이 중요하다. 의미만으로는 무의미하다. 피가 되고 살이 되고 손에 잡히는 그 무언가의 희망이 보여야 열정이 따라온다.

2009년부터 민관합동회의가 매월 열렸다. 통영시와 푸른통영21, 그리고 주민 누구나 참여할 수 있는 열린 회의다. 주민들은 대개 신상의 불편을 발언했지만 동피랑의 미래상은 개개인의 의지에 많은 영향을 받으므로 그 모든 것이 소중한 회의였다.

행정과 주민의 갈등

그동안 동피랑에서 일어난 갈등은 크게 세 번 정도로 기억한다. 칡과 등나무가 얽히는 갈등 과정은 행정과 주민, 주민과 주민, 주민과 지원 단체, 원주민과 새 주민들 간의 관계에서 일어났다. 그리고 갈등은 여전히 현재진행형이다. 다만 그 크기가 공동체에 균열을 일으키는가, 적당한 긴장 정도인가의 관점에서 볼 때 갈등의 수치는 다행히 점점 낮아지고 자잘해지고 있다.

첫 번째 갈등은 2007년, 주민들이 동피랑을 떠나야 하는가, 남아야 하는가를 고민하던 심각한 수준이었다. 행정과 주민 사이의 대화 단절에서 비롯된 당시의 갈등은 지원 단체가 주민들에게 일단 믿고 "벽을 빌려 달라"에 "빌려 주겠다"는 제안과 호소로 일단락이 되었다. 행정은 어부지리를 얻은 셈이 된다. 그러나 한편으로는 완강한 고집을 버리고 주민들의 희망사항을 무난히 안아준 행정의 배려가 작용한 것이기도 하다. 세상에 공짜, 그냥 되는 것은 없다.

흥행 성공으로 시작된 갈등

두 번째 갈등은 엉뚱한 데서 일어났다. 2010년 무렵, 앞서 이야기했듯이 두 번째 벽화전을 마치기 이전부터 밀려드는 방문객들로 불편이 커졌다. 생활환경을 극심하게 침해당한 것이다. 불만은 팽배했고 어찌할 줄을 몰랐다. 지원 단체에서도 이것은 실패한 마을 만들기라는 것을 인정해야 했다. 주민들이 불편한 마을 만들기는 아무짝에도 쓸모없는 '조명발 아래의 화장발'에 불과한 것이기 때문이다. 그렇다고 이렇게 빨리 포기해야만 할까. 주민들과 다시 모여 고민하고 방법을 찾기 시작했다. 답은 언제나 주민들 속에 있다. 포기할 때 포기하더라도 뭔가 연구는 함께 해봐야 하지 않겠는가.

마을회관 하나 없는 동피랑의 주민 회의는 골목길에서 열리곤 했다. 행정과 지원 단체 주민들이 좁은 골목 가득히 모였다. 여기저기서 볼멘소리들이 터져 나왔다. "지붕에 돌을 던진다", "사진기를 아무데나 들이대고 사진을 찍어대서 몬 살겠다", "골목이고 어데고 바람 쏘이러 나가지도 몬하겠다", "시끄럽어서 골머리가 아푸다", "화장실 열어 도라캐서 몬 살겠다", "쓰레기를 아무데나 버린다" 등등 끝이 없었다. 이럴 땐 끽 소리 안하고 들어야 한다. 듣는 것이 힘이다. 그들은 이야기가 하고 싶어서 모인 것이다. 삼십 분 정도면 목청껏 떠들다가 "인제 우짜모 좋노?"라는 자구책에 대한 질문이 푸념처럼 나온다. 그제야 조심스럽게 의견을 내놓고 동의를 구하는 게 순서다.

"더는 시끄러워서 동피랑에서 도저히 못 살겠다 하시는 분은 손을 드세요!"

조심스럽게 손이 올라가기 시작했다. 하나, 둘, 셋… 일곱 가구였다. 생각보다 많아서 놀랐다. 행정 담당자가 연락처와 집, 인적사항을 기록했다. 시작 단계에서 고생만 하시고 떠나는구나, 많이 아쉽고 깊이 미안했다. 보상을 받고 떠나기 전 몇몇 주민들과 송별회를 했다. 초창기부터 정들었던, 마을에서 유일하게 아이들이 살던 집의 쌍둥이 엄마는 자꾸 울었다. 가기 싫은데 시어머니가 가자고 해서 동피랑에서 내려 간다고, 또 놀러오겠다고. 떠나는 주민들은 시원섭섭하다고도 했고 많이 아쉽다고도 했다. 그렇게 초창기에 떠난 사람들이 있다.

다시 행정에 제안을 했다. "매입한 집들 중 다섯 가구는 작가촌으로 갑시다. 프랑스 몽마르트르 언덕에 가 본 적이 있는데 별 거 없습디다. 여기가 통영의 몽마르트르 언덕이 되지 말라는 법도 없습니다." 행정은 이번에도 제안을 받아들였다. 재래식 화장실을 수세식 화장실로 개조하고, 연탄 아궁이를 매립하며, 샤워장을 갖추는 등 약간의 리모델링을 거쳐 작가들을 공개 모집하자 소설가 강석경, 이제하 등 쟁쟁한 작가들이 들어왔다. 지금은 〈통영은 맛있다〉를 펴낸 강제윤 시인을 비롯한 새로운 작가들이 깃들어 살고 있다.

작가촌으로 조성하고 남은 두 가구는 맨 꼭대기에 있는 '구판장'과 새로 지은 '매점'이었다. 가장 전망 좋고 목 좋은 곳이다. 구판장은 일찌감치 동네 할머니들이 운영하는 먹거리 판매로 재미를 보고 있었다. 동네 할머니들과 날마다 모여 앉아 인테리어를 고민하고 재활용 물품을 찾아다니며 만든 공간이다. 동피랑 초기 벽화전 당시부터 우리 프로젝트에 매우 우호적이었던 박부임 어머니가 용기를 내어 일을 맡기로 해 장사를 시작했다. 구판장에서는 커피와 녹차, 유자차, 팥빙수를 팔았다. 겨울에는 얼큰 뜨끈

한 남도의 어묵탕도 추가했다. 어떤 날은 수입이 없기도 하고 휴가철이나 주말에는 제법 용돈벌이가 되었다. 문제는 지금의 점방 자리였는데 당초에는 지역의 한 단체에서 건물을 새로 지어 '쌈지 교육장'으로 활용하고 있었다. 새로 구성된 주민협의회에서 그 공간을 원했다. 처음에는 장사를 쑥스러워하시던 주민들이 구판장이 운영되는 것을 보고 조금 용기를 낸 것이다. 맨 꼭대기에 위치한 자리로 관광객이 많이 머무는 곳이라 기념품이라도 만들어서 팔 수 있도록 공간을 주민에게 양보해 달라는 것. 그렇지 않으면 벽화전을 거부하겠다고 했다. 하루에도 수백 명씩 올라오는 관광객들의 소음으로 편안한 오수를 침해받는 주민들에게 뭔가 보상을, 보상보다 참여할 수 있는 일거리를, 소득원을 창출해야 한다는 내적 압박감도 날이 갈수록 더해가던 중이었다. 주민들의 의견을 담당부서에 전달하고 몇 차례 부서 간 협의를 했으나 간극은 좁혀지지 않고 단체 간 갈등만 점점 꼬여갔다.

공간을 마련한 단체에서는 나름대로의 이유가 있었고 '빼앗긴다'는 생각이 있었던 것 같다. 그러나 주민들은 완강했다. 공간을 넘겨주길 기다리던 주민들의 고함과 언성이 날마다 높아졌다. 중간에 끼인 우리들도 고역이기는 마찬가지였다. 억측과 모함도 자주 들려왔다. 개인의 성과를 위해서 내쫓으려고 한다는 둥, 주민들은 원하지 않는데 공연히 저만 그런다는 둥 온갖 말들이 넘쳐났다. 그러나 우리는 결국 주민들 입장에 설 수밖에 없었다. 왜냐면 동피랑의 주인은 주민들이므로. 결국 주민 대표가 시장실을 찾아가는 바람에 한순간에 정리가 되어버렸다. 민원을 들은 시장이 "주민들에게 돌려주라"고 간명하게 지시한 것이다.

덕분에 주민 소득 창출을 위한 공간은 확보했지만 그때 찢어진 인간관계는 여전히 상처로 남았다. 당연한 것에 대한 해석은 여전히 갈린다. 주민들에게 돌려주는 것이 지극히 당연하다고 하는 의견과 단체의 공간으로 사용하는 것이 당연하다는 의견이 상충했다. 이 일은 지역 내 단체와 단체 간 갈등으로 이어졌고 절친했던 지인들이 서로 상처를 안고 결별하는 아픈 기

　　　　　　　　　　　　　　　　동피랑 벽화마을 이야기

억이 되었다.

지금 그 공간은 동피랑 매점으로 벽화를 활용한 각종 기념품을 판매하고 있다. 이후 생긴 동피랑 협동조합의 사업장이기도 하다. 여기서 얻은 매출은 동피랑 주민 80가구가 현물로 나눈다. 상하반기에 쌀 두 가마니씩. 그리고 매월 수도세를 여기에서 벌어서 충당한다. 매출이 좀 더 오르면 전기세도 지원할 계획이다. 일자리 창출도 이곳에서 이루어진다. 마을 청소 두명, 판매원과 사무장. 동피랑에서 일어나는 모든 일에 대한 창구이자 운영처의 역할을 맡고 있다.

주민과 주민, 자본의 갈등

세 번째 갈등은 외지 자본의 침입이었다. 동피랑이 점점 유명해지고 방문객들의 숫자가 늘어나자 동피랑에 집을 사는 외부 사람들이 생겼다. 풍광이 좋은 꼭대기 요지에 한두 채를 사더니 나중에는 친인척의 이름으로 네 채까지 샀다는 소문이 돌았다. 주민들은 분노했고 행정과 우리도 발 빠른 침입에 적이 놀랐다. 어느 정도 예상하고 우려했던 부분이기도 하다. 새 주민과 원주민 몇몇은 공간을 사이에 두고 장사를 하고 있어 날마다 싸웠다. 누군가 새 주민의 오토바이를 칼로 찢기도 하고 돌아서서 욕을 하기도 했다. 주민들로서는 예민할 수밖에 없는 처지였다. "길 닦아 놓으니 뭐가 먼저 지나간다 카더마는!", "돈지랄을 할라고 동피랑에 들어왔는가베". 가난을 등짐처럼 지고 살았던 주민들은 날마다 화를 냈다.

회의를 여는 동사무소에서도 싸움은 계속되었다. 심기가 불편하기는 우리도 마찬가지였다. 법적으로 제재할 수 있는 일도 아니고, 부동산 매매와 거래를 강제로 막을 수도 없는 노릇이었다.

1년이 지나고서야 갈등은 완화되었다. 결국 목소리 크던 아버지가 동피랑을 떠나고 젊은 부부만 남았을 때 해소의 기미가 보이기 시작했다. 이웃도 자주 보면 정드는 법이다. 새 주민으로 들어와 온갖 눈치를 보면서 장사를 하던 새댁과 젊은 남편이 먼저 마음을 열었다. 주민들의 불만을 이해하려 노력했다. 어떡하면 좋겠느냐고 조심스레 방법을 물어오기도 했다.

"일단 새 주민이 고개를 숙여라. 가난하게 이 마을을 지키면서 살아온 원주민들 아니냐. 무엇보다 장사를 하려고 들어왔으니 그 또한 미안한 일이라고 생각하자. 주민들 모두 알고 보면 착하고 순박한 사람들이다. 이웃 할머니들께 먹을 것도 나누고 수입의 얼마 정도는 마을에 기부도 해라."

주민들에게 가서는 달래기 작전을 폈다.

"젊은 사람들이 묵고 살끼라꼬 우찌하다가 여까지 왔는데 인자 마, 보듬고 가입시다. 사람 사는 동네에 이사도 오고 그럴 수 있지예. 오자마자 장사하는 거는 보기가 좀 그렇지만 인제 더는 집을 안 팔모 되고, 땅값도 오르고 하이 인자 팔라캐도 팔 사람도 없심니다. 집을 사재는 것도 인자 안 하겠다고 하니 새 주민으로 인정해주고 같이 사입시다. 만나 보니 젊은 사람들이 많이 미안해 하더라꼬요. 동피랑에 젊은 사람이 아이들까지 데꼬 이사를 온께 좋다 아입니까."

그래저래 관계는 빠르게 회복되었다. 젊은 새댁 인화 씨는 네 번째 벽화전을 할 때 벽화 작업에도 참여했고 그 외에도 힘든 일을 마다하지 않고 일 있을 때마다 도왔다. 참여 작가들에게도 차와 음료수, 숙소까지 제공하면서 동피랑 주민으로서의 역할을 성실히 수행했다. 언제나 안 보는 듯 다 보고 있는 주민들도 점점 마음을 터놓기 시작했다. 주민들과 함께한 선진지 답사가 있던 2014년 가을, 답사를 갔던 주민 모두에게 맛있는 저녁을 대접하는 것으로 주민들의 마음을 더 많이 얻었다. 고맙고 기쁜 일이었다.

갈등은 풀라고 있는 것이다. 상황에 따라서 금방 풀리는 종류도 있지만 꽤 오래가는 것들도 있다. 하지만 개인의 욕심을 버리고 '마을공동체'를 중심에 놓고 보면 이해 못할 일도 별로 없다. 마을은 살아 움직이는 유기체이므로 앞으로도 갈등은 또 일어날 수 있을 것이다. 소요가 있는 곳에 민주가 있다고 했던가. 건강한 마을이라면 적당한 갈등이 당연한 일이다.

동피랑 벽화마을 이야기

두 번째 벽화전을 준비하던 2010년 처음으로 동피랑 주민협의회가 만들어지고 이어서 2년 후인 2012년 마을기업이 생겼으며 이를 운영하기 위한 동피랑 생활협동조합도 생겼다. 사실 주민들은 마을기업이 뭔지 모르고 어떻게 시작하는지도 알 만무했다. 마을기업 신청서를 적고 운영 주체를 법인으로 만들기까지 무수한 서류 작업과 처리를 사무국 위관옥 간사가 모두 도맡았다. 마을기업과 협동조합을 만든 목적은 주민들 사이에 팽배한 갈등과 불신을 해소하기 위해서였다.

주민협의회에서 운영하던 매점이 언젠가부터 시끄럽기 시작했다. 물건을 떼 오는 것, 판매하는 것 전반에 대한 불신이 쌓여가기 시작했다. 매월 판매실적과 수입을 성실하게 보고했지만 일부 주민들은 이를 믿으려하지 않았다. 구매와 판매까지 하느라 고생하는 주민대표와 총무는 억울함을 자주 호소했고 화가 나 있었다. 회의는 날마다 시끄러웠다. 이래서는 안 되겠다 싶어서 방법을 찾다가 마을기업과 법인단체를 구성하는 방법을 택했다. 24시 편의점처럼 운영하는 것이 모두를 위해 좋은 방법이었다.

투명은 말로 주장해서는 별로 도움이 안 된다. 훌륭한 전자기기 문화를 활용하면 쉽고도 간단한 일이 되기도 한다. 처음 매점을 열고 터를 닦느라 가장 고생한 1기 운영진이 임기를 마치고 물러나고 2기 운영진을 구성하여 동피랑 마을기업은 성업 중이다. 돌이켜보면 너도 나도 고맙지 않은 사람이 없다. 누구나 처음 시작하는 사람은 고생이다. 맘고생 몸 고생을 죽도록 하고도 별로 좋은 소리는 못 듣는다. 때로는 도둑놈 소리를 들으면서도 잘 참고 넘겨준 덕분에 오늘날 동피랑 마을기업이 있는 것이다.

행정과 지원 단체인 푸른통영21, 주민들이 어울려 한 달에 한 번 함께 진행하는 민관합동 회의는 날마다 흥미진진했다. 술 먹고 오는 사람, 고함 지르는 사람, 한꺼번에 떠들기, 욕하기, 싸움하기, 화나면 자리를 박차고 나가버리기로 회의는 날마다 긴장과 재미로 얼룩졌다. 재미있는 현상이라고 생각하지 않으면 회의 주재를 하지 못한다. 회의를 할 때 가장 많이 사용하는 말은 "한 사람씩 말씀해주세요", "아부지, 그 좀 조용히 하이소!"이다.

행정의 경우 2년마다 담당자가 바뀌는데, 새 담당자가 회의에 처음 참석할 때마다 놀란다. "이래 가지고 우찌 회의를 해왔심니꺼"라고 묻는다. "뭐 어때요, 이게 동피랑 회의입니다. 얼마나 생동감 있습니까." 그러나 대부분 처음에는 기겁을 한다. 어디서도 본 적 없는 역동적인 회의라서 그렇다. 그러거나 말거나 회의는 즐겁다. 주민들 모두 회의를 기다린다. 어쩌다 한두 달 빼먹은 적이 있는데 회의 안 연다고 불만들이 대단했다.

마을회의는 특정한 제한 없이 열려 있어 많게는 30명 이상이 오기도 한다. 한데 모여서 서로 하소연하고 생활의 불편을 털어놓기도 하고 마을 소식을 공유하기도 한다. 행정에 요구하는 민원이 대부분이다. 우리는 그저 충실하게 듣고 행정에 전달하는 역할을 하는 것이다. 회의 내용도 점점 좋아지고 있다. 술 마시고 불콰해서 와서 마구 떠드는 사람도 줄었다. 손들고 의견 순서를 기다리기도 한다. 그야말로 장족의 발전인 것이다.

마을 만들기의 기본,
주민과 회의 잘하는 방법

마을 만들기는 주민과의 소통이 가장 중요하다. 주민들과 회의를 잘 하는 방법은 별 기술이 필요 없다. 주민이 마을 만들기의 주체임을 잊지 않고 주민들의 의견을 최대한 진심으로 듣고 함께 방향을 찾아가기 위해 노력하는 것이 중요하다.

하나. 일단은 회의, 그 소통 과정을 즐겁게 생각해야 하고 사회자가 지루하지 않게 진행하는 방법을 연구해야 한다. 주민들이 아무리 서툴러도 제 갈 길은 알아서 잘 간다는 굳건한 신뢰가 바탕이 되어야 한다.

둘. 설령 표준어를 제대로 구사하더라도 주민들의 질펀한 언어로 이야기 할 것. 전문용어는 사무실 서랍에 넣어두고 억지 번역을 해서라도 귀에 와 닿는 용어들로 구성해야 한다.

셋. 무엇인가 입 다실 것을 준비할 것.

넷. 매번 만날 때마다 사람들 앞에서 자기의 이름을 소개하게 하는 일은 주민들의 존재감을 높인다.

다섯. 회의의 흐름은 주로 주민들의 얘기를 들어주는 것으로 채우고 진심을
다해 경청한다. 다만 길어지기 쉬우니 적절하게 끊고 경쾌하게 이어주기.
짜달시리(뭐 그다지) 결과는 없어도 된다.

여섯. 뒤풀이는 웬만하면 반드시 참석할 것. 안 그러면 몹시 서운해 한다.
제대로 된 속내는 주로 뒤풀이에서 나오기 마련이다. 단, 뒤풀이는 때때로
성능 좋은 귀마개가 필요하다. 알코올의 속성은 볼륨을 높이는 것. 그것이
대화의 질이든 톤이든 주먹이든 뭐든 높이기 마련이다.

동피랑 벽화마을 이야기

11 네 번째,
점프 동피랑

2014년의 봄날, 네 번째 벽화전이 시작되었다. 2013년 강구안 골목 재생 프로젝트를 함께했던 김윤환 미술감독을 다시 초빙했다. 지루한 벽화전은 가라. 이번에는 야심차게 국제 비엔날레로 가닥을 잡았다.

"아는 인맥을 동원하면 적어도 대여섯 국가에서는 참여할 수 있을 거예요."

"한번 해 보죠."

준비 기간이 좀 짧아서 허둥지둥 모두들 정신없이 내달렸다. 국제전을 준비하려면 섭외와 준비기간이 1년은 걸린다. 몇 달 앞두고 콩을 또 볶게 생겼다. 그동안 볶은 콩만도 몇 가마니는 될 텐데.

먼저 벽화전 2개월 전부터 주민대표단과 동피랑특위가 함께 준비팀을 꾸린다. 준비 과정을 낱낱이 공개하고 함께 시작한다. 회의는 주로 동피랑 마을에서 진행한다. 기획은 마을에 벽화전 준비할 때가 돌아왔음을 알리는 일부터 시작한다. 이어서 특위를 꾸리고, 최소 일고여덟 번의 회의를 거치며 벽화전 기간과 날짜를 정하고 주제를 선정한다. 제각각 추천하고 사유를 설명하는 방식을 통해 주제를 선정할 때까지 토의하고 합의한다.

이어서 기획 초대작가를 섭외하고 일반 참가자들도 공개 모집한다. 참가 의사와 작품 시안을 메일이나 우편으로 접수한다. 마감이 끝나면 특위 위원들이 한자리에 모여 시안을 두고 일차로 거른다. 자신의 작품이 아닌 것, 너무 난해하거나 지나치게 단순한 것, 작품성이 없어도 너무 없는 것 등을 골라서 양해를 구한다. 기획 초대전은 벽을 미리 배정한다. 관광객의 동선을 적절히 고려하고 동피랑 전체의 콘셉트를 판단하여 자리를 배치한다. 사무국은 걸려오는 문의 전화로 몸살을 앓고 야근의 계절이 계속된다. 그렇다고 야근 수당은 없다. 오히려 시청 사무국에 전깃불을 밤새 켜놓아서 마음속으로 미안하다.

가뜩이나 적은 예산을 쪼개다 못해서 나중에는 칼로 다지는 작업을 한다. 한 달 월급이 진행비로 다 날아가는 것도 각오해야 한다. 어쩔 수 없다. 행정의 예산으로 지출하지 못하는 것들이 많이 발생하기 때문이다. 이를테면 초대작가를 돈 몇 푼 못 주는 상황으로 모셨는데 흔쾌히 와 주니 고마워서, 스태프들이 온종일 언덕을 오르락거리며 고생했는데 저녁에 그냥 보내기 서운하니까, 기어이 한잔 사달라는 넉살 좋은 참여 작가들에게 끌려가서, 이런저런 이유로 카드는 총 맞은 것처럼 한도를 초과해서 결국은 펑크가 난다. 그래도 어쩔 수 없다. 인생이려니 한다.

날개를 그리도!

4월이 깊어갈 무렵, 얼추 가닥을 다듬고 주민 전체회의를 열어 진행 과정을 보고하는 자리가 열렸다. 동피랑 주민들은 그림을 좀 안다. 아니 굉장히 많이 안다. 벽화가 한 점 두 점 완성될 무렵이면 주민들은 삼삼오오 새 그림 구경에 나선다. 표정들이 상당히 행복하고 즐거워 보인다. 벽화 앞에 서서 이 그림은 어떻고 저 그림은 어떻고 평가가 이어진다.

"이번에는 너거 집 그림이 좀 개안네!"

"나는 저짝 그림이 더 멋지구마는!"

"희안하네, 이 그림은 제목이 뭣이고? 눈깔들만 쌔비찬기 우습다야!"

"호랭이는 저게서 머하고 자빠졌노? 원시이(원숭이)도 있네!"

"야는 와 기리다가 만 거 맨치 해놓고 가삐릿노?"

회의 중에 몇 가지 요구사항이 있었는데 특이하게도 '날개 그림'을 그려달라는 것이었다. 동피랑의 천사 날개 그림은 너무도 유명해서 오는 사람 대부분이 그 그림 앞에서 사진을 찍느라 줄을 서 있기 예사다. 줄을 서

동피랑 벽화마을 이야기

기다리니 한여름 더운 날에는 음료수 하나라도 사 먹기 마련. 장사가 안 되는 북동쪽 주민 가운데 꿀빵 장사를 하고 있는 어머니께서 강력하게 요구를 한다.

"날개를 그리도라니까, 날개를!"

"우리 집 앞에도 날개를 그리도!"

까딱 잘못하다가 동피랑이 조류 집단 서식지가 될 뻔했다.

"날개투성이가 되면 안 됩니다. 그건 집행부에서 알아서 하겠습니다."

회의를 마치고 나오는 길에 어머니는 아예 팔짱을 끼고 통사정을 한다. 내심 마음이 아파서 멋진 그림을 그려주고 싶은 집이었다. 동선이 끊어지는 위치라 사람들의 왕래가 상대적으로 뜸한 곳이었다. 김감독과 상의를 하고 거들어 주기로 합의했다. 그림 한 점으로 먹고 사는 데 도움이 된다면 못할 이유가 없다. 본디 동피랑 벽화는 주민들을 먹여 살리는 도구로 사용하기 위한 것. 천사의 날개 작가팀에게 부탁을 했다. 조금 다른 콘셉트로 그리겠노라는 답변이 돌아왔다. 다음날 슬그머니 찾아가서 그려주겠다고 했더니 어머니께서 감동해서 커피도 타오고 물도 주고 난리도 아니었다.

좌충우돌 국제 비엔날레

국제팀으로 맨 처음 일본팀이 도착했다. "하이 모시모시 곤니찌와", 겨우 인사를 건네고 난 후 나머지는 영어로. 새로 합류한 사무국 정상일 팀장이 전공을 발휘해서 훌륭하게 통역을 맡았다. 외국팀들의 숙소는 동피랑 작가촌을 적극 활용하기로 했다. 마침 빈 집이 하나 있어서 큰 도움이 되었다. 어차피 근사한 숙소 잡아줄 여력도 안 되었다. 이어서 프랑스팀, 태국, 독일과 이집트팀이 차례로 도착했다. 새로운 팀이 도착할 때마다 저녁 술자리가 이어졌다. 주로 중앙시장의 막걸리집을 활용했다. 덕분에 화장실도 없는 허름한 탁자 두 개의 미정식당은 국제 아티스트들이 모이는 장소로 급 변모했다. 통영의 신선한 먹거리와 풍광에 다들 감탄사 연발이었다.

오가는 시민들이나 방문객들도 벽화 작업을 지켜보면서 그리고 싶은 마음을 감추지 못한다. 그래서 이번에는 특별히 시민벽화전을 기획했다. 천 개의 타일에 그림을 그려서 조각보로 만든다는 계획이었다. 어찌되었든 결과는 대성공을 거두었다. 김정화 위원이 담당했는데 괜히 했다고 후회를 천 번은 한 것으로 안다. 타일 자체도 무겁거니와 매일같이 그려진 그림을 저녁마다 보관 장소에 옮기고 다음 날 다시 가지고 나와서 말리고 하는 일이 보통 힘든 작업이 아니었다. 비탈진 동피랑에서 중노동의 연속이었다. 평소 비실비실한 체력을 보이던 그는 놀라운 집중력으로 끝까지 완주했다. 와중에 폭우가 쏟아져 그림들을 갈무리하러 갔다가 현장에 쳐둔 텐트가 부서지는 바람에 자칫 큰일이 날 뻔했지만, 모두들 고생한 보람이 있었다.

벽화마을은 지속가능할까?

8년 차에 맞은 네 번째 동피랑 벽화전, 국제 비엔날레 일은 점점 커졌다. 오지랖 넓은 김윤환 감독은 스페인 무용가를 거의 공짜로 섭외했다. 높은 벽에서 공중 무용을 펼치는 팀으로 오프닝 무대를 꾸미자는 것이었다. 벽화와 벽 무용이라, 제법 어울리는 콘셉트가 아닐 수 없었다. 이미 여러 나라를 순회 공연한 팀인데 마침 한국에 오게 되었고 홍보 중이어서 선이 닿은 것이란다.

날씨도 화창한 통영의 봄날, 스페인 무용팀 '델 헤베스'의 공중 무용이 동피랑 입구 나폴리모텔 벽에서 펼쳐졌다. 중앙시장 건너편을 지나던 관광객과 행인들이 모두 고개를 젖히고 저절로 입을 벌린 채 수직 벽에서 펼쳐지는 아슬아슬한 무용을 감탄사와 비명을 섞어가며 감상했다.

일주일간의 벽화축제가 마무리 되던 날, 전국에서 내로라하는 공공미술 전문가들이 통영에 모였다. 장소는 미수동 통영거북선호텔. 말발깨나 한다는 사람들이 모여서 공공미술 특히 전국에 난무하는 벽화마을의 현재와 미래에 대해 논하는 자리여서 짐작은 했지만 역시나 대단했다. 아침부터 밤 늦도록 토론, 토론의 연속이었는데 내용도 좋았고 평가도 적절했다. 꼭 필요한 프로그램이었는데 정작 행정에서 아무도 오지 않아 서운했다. 토론회의 말잔치도 그림 잔치처럼 재미있는데 미리 지루하다는 생각들을 많이 하는 것 같다. 벽화마을을 하고 싶은 곳, 벽화마을을 진행했다가 실패한 곳, 모두가 참여했으면 좋았을 만한 내용을 충분히 담고 있었다.

네 번째 열린 동피랑 국제 비엔날레 대상은 동백꽃을 그린 '그리는 줌마 팀'이 차지했다. 동백꽃이 흐드러진 꽃그늘 아래 그네를 타는 아이들의 모습이 아름다운 그림이었다. 특히 흰 의자와 바닥까지 점점이 흩뿌려진 동백꽃잎이 매우 인상 깊었다.

잔치는 끝나고 동피랑은 여전히 붐비고 있다. 처음에 하나뿐이던 가게도 일고여덟 군데가 생겨났다. 한두 곳을 제외하고는 대부분은 주민들이 운영한다. 동피랑에 올라가서 한 바퀴 돌다보면 당뇨병이 생긴다는 우스갯말처럼 여기저기서 커피와 마실 것을 건네주며 심하게 반겨주신다. 장사도 그럭저럭 잘되고, 누구 하나 거들떠도 안 보던 동네가 집값도 땅값도 엄청 올랐다고 좋아들 하신다. 새집 지어도 벽은 비워 줄 테니 떠나지 말고 같이 오랫동안 살자고 한다. 눈물 나게 고마운 말씀이다.

남은 숙제는 여전히 많다. 동피랑이 차 없는 마을로 가야하는데 갈 길이 멀다. 주말이면 차들이 밀려들어 온 동네가 혼잡, 복잡하다. 주민들이 먼저 차를 빼야 관광객들의 차도 올라오지 못하게 할 수 있는데 마땅한 대체 공간이 없으니 그것이 걱정거리다. 하지만 언젠가는 차 없는 마을로 가야만 한다. 불편을 감수하더라도 그렇게 되어야 할 것이다. 아무런 장사도 하지 못하는 극빈층도 여전히 많다. 동피랑 마을기업이 열심히 벌어서 주민들의 생계를 절반쯤은 책임져야 한다. 불편을 재화로 교환해서 그만큼의 보상이 주어져야 마땅하다고 생각한다. 좀 더 적극적인 재화 교환 방법을 연구해야 한다.

처음 갔다. 소위 선진지 답사를 빙자한 주민들의 단체 여행이란 것을 벽화마을 조성 8년 만에 간 것이다. 이러고도 내가 마을 활동가인지, 마을 코디네이터인지 자격지심이 심하게 드는 대목이다. 약속은 재작년부터 했는데 시행은 처음이었다. 주민회의를 열어서 '다음 달에 답사 갑시다' 했을 때 주민들은 모두 환호했다. 이날 회의는 매우 우호적인 분위기에서 진행되었다. 회의 후반에는 물품내기 경진대회가 열려버렸다.

"아침 김밥은 내가 낼게", "그럼 음료수와 식혜는 내가 낸다", "맥주와 소주는 내 몫", "수육과 김치는 내가 할게요", "과일은 제가 쏠게요", "떡은 우리가 한다", "그럼 저녁은 제가 합니다."

먹을거리를 풍성하게 실은 관광버스는 강구안을 출발, 부산 감천동 문화마을로 향했다. 마을을 찬찬히 둘러보면서 주민들 스스로 자연스레 평가하고 있었다. 이거는 우리보다 좋고, 저런 거는 배워야겠으며, 그림은 우리 동네가 더 좋네, 주민들이 자원봉사를 많이 하는구나, 돈을 많이도 쏟아 부었네 등등.

바닷가에 위치한 한적한 사찰을 둘러서 내려오는 길, "기사님요, 그 볼륨 좀 올리 보이소"로 시작된 놀이마당. 관광버스용 춤과 노래로 주민들은 한마음이 되어서 신나게 춤추고 노래했다. 춤을 못 추면 손뼉이라도 열심히 쳐야 한다는 각오로 스태프들도 매진 또 매진했다.

통영에 도착해서는 새 주민이 저녁까지 대접했다. 고마운 동피랑 사람들. 변치 않고 여전히 지켜지고 있는 동피랑 인정들이 고스란히 담긴 여행이었다.

얼마 전에는 답사하러 온 단체 손님들이 있어 안내를 위해 동피랑에 잠시 올랐다. 아닌게 아니라 어무이들이 묻는다.

"다음에 또 언제 갈끼고?"

사람 냄새 나는 이 마을의 이야기는 멈춰 있지 않고 계속 될 것이다. 예상치 못한 갈등이 또 다시 있겠지만, 언제나처럼 나름의 해법을 찾을 것이다. 오늘의 동피랑에는 내일을 꿈꾸는 사람들이 살고 있다.

동피랑 벽화마을 이야기

사람들은 동피랑에 벽화를 보기 위해 찾아온다.
그러나 동피랑에는 벽화만 있는 것이 아니다.
동피랑에는 사람들이 살고 있다.

누군가에게는 잠시 머무는 멋진 관광지일지 모르나,
주민들에게는 삶의 터전이고 휴식처다.

동피랑은 물론 어디를 가든 마을 사람들의 삶을
조금 더 이해하고 배려한다면
그 여행 자체도 더 풍성해질 것이라 믿는다.

사진ⓒ정환정

동피랑 벽화마을 이야기

사진ⓒ정환정

동피랑 벽화마을 이야기

섬섬옥수로 엮었네

에코아일랜드

연대도

1 그 섬에
가고 싶다

통영은 섬이 많다. 전국에서 두 번째로 섬이 많은 지자체다. 그래서 슬로건도 '바다의 땅 통영'이다. 어느 시인이 말했듯 섬에 가고 싶었다. 내가 태어난 거제도는 굉장히 큰 섬이라 섬인 줄 모르고 자라다가 채 자라지도 못해서 섬을 떠났다. 그래서일까, 날마다 섬이 그리웠다. 섬을 코앞에 두고 사는 통영살이는 봄날, 부연 해무 너머 보일 듯 사라질 듯 감춰져 있는 섬을 더욱 그립게 했다.

사실 단체가 생기고 위원들과 함께 오랜 회의 끝에 '지속가능한 발전은 마을에서부터!'라는 의제를 선정하고 나서 제일 처음 기웃거린 곳은 섬이었다. 통영에는 섬이 자그마치 570여 개나 된다. 그중 유인도는 현재 40개 정도다. 원래는 60여 개였는데 점점 사람이 떠나는 섬이 늘어 유인도의 숫자는 계속 줄어들고 있다. 유인도에 대한 생태문화 발굴 조사를 시작하면서 일찌감치 염두에 둔 섬마을에 대한 관심은 갑자기 불거진 동피랑 마을 만들기 때문에 자연스럽게 호흡이 길어졌다. 동피랑 마을과 연대도 에코아일랜드 조성사업을 번갈아가면서 해야 하는 피치 못할 상황이 벌어졌는데, 하루는 섬마을에 갔다가 하루는 동피랑에 가는 그런 시간이었다. 동피랑은 오히려 쉬웠다고 본다. 도와주는 단체도 있었고 시내권이라 관심도 한 몸에 받아서 정신적으로 많이 힘들었던 기억은 없다. 다만 닫혀 있는 섬을 열린 섬으로 만들어야 하는 섬마을 일은 더디기도 하고 소통의 문제도 있어서 처음부터 된통 휘청거렸다.

2007년 지속가능한 마을 만들기, 혹은 지속가능한 발전(개발)을 염두에 두고 통영의 섬들을 주목하기 시작했을 때는 '섬'이라는 생태적 특성이 주는 외딴 성질을 알지 못했다. 통영의 외딴 마을은 대부분 섬에 있다. 물

론 육지에도 읍면동의 엄연한 마을이 존재하지만 그 마을들에는 주민자치
센터도 있고, 학교도 있고 보건소나 약국도 있으며 이웃 동네로 가는 시내
버스도 있다. 그러나 그토록 흔하고 당연한 것들이 섬마을에는 없다. 그래
서 섬마을은 육지의 어떤 내륙 산골 오지보다도 더 오지다. 그들은 깊고 푸
른 물결에 에워싸여 고립되고 소외되었다. 소외는 어떤 측면에서 간섭의
손길을 타지 않아 더 위험하다. 해상 관광농원으로 변한 거제의 외도가 대
표적이고 그 외에도 비슷한 해상 유원지가 될 가능성이 짙은 섬마을이 무
수히 많다. 사람들이 버린 섬일수록 위기는 점차 현실이 될 것이다. 그래서
우리는 더욱 섬마을에 주목하고자 했다. 이미 너무 많이 잃어본 사람들이
어서 그랬다. 서둘러 조사단을 꾸렸다.

섬을 알아야 뭔 계획이라도 세우지!

섬에 가보자는 계획을 세웠다. 마침 지역 언론인 한산신문에서도 기획
기사가 필요한 상황이라 함께 의기투합했다. 답사하고 결과를 매회 지역 언
론에 공개해서 섬에 가보지 못하는 육지 사람들, 근처의 섬에 대해 오히려
잘 알지 못하는 다른 섬의 주민들에게 서로의 상황과 정보를 공유하자는 취
지였다. 2주에 한 번씩 섬을 찾아가는 발걸음은 매우 즐거웠다. 날마다 보
물섬을 찾아가는 느낌으로 푸른통영21 위원, 담당 공무원, 지역신문 기자,
블로거와 함께했다. 소매물도나 한산도, 비진도처럼 알려진 섬보다 그다지
유명하지 않은, 잊힐 듯이 작은 섬들을 주로 답사 대상으로 삼았다. 지도,
두미도, 읍도와 연도, 우도, 초도, 가왕도, 오곡도, 저도, 추도, 좌도……

조사단이 섬에 도착하면 식생과 문화에 대한 분야별 궁금증 대로 따
로 또 같이 행동했다. 폐가 순례, 학교의 존재 유무, 마을과 마을을 잇는 길
의 생존 여부, 굿과 당제에 대한 조사, 어획물에 대한 정보, 특산물에 대한
것, 무엇보다 인구 분포에 대한 조사가 이어졌다. 주로 1박 2일로 다녔는
데 섬에서는 꼭 하룻밤을 자 보아야 한다. 해질녘의 소름끼치도록 짙은 아

에코아일랜드 연대도

름다움과 무겁도록 고요한 밤, 천지의 새날 같은 아침을 보아야 한다. 저녁에 배가 돌아오는 항구에서 동네 이장, 어촌계장과 함께 마을의 역사와 흥망을, 떠났거나 남은 사람들의 이야기를 들어야 하는 것이다. 섬에서는 꼭 하룻밤 섬의 품안에 폭 안겨서 자봐야 한다.

다녀온 작은 섬들은 한결같이 아름다웠다. 그 아름다움은 애틋함을 동반한다. 비슷할 것 같지만 서로 많이 다른 섬들의 사는 모습. 단순한 여행이나 생태 조사가 아닌 다음에야 풍경보다 사람을 더 주목하게 된다. 20여 개의 섬을 다 돌아볼 무렵에는 자연스럽게 결과는 한 방향으로 모아졌다.

더욱 신중해야 하는 섬 개발

기실 모든 섬은 생태섬이다. 주제를 어떻게 가져가야 할 것인지가 과제일 뿐이다. 한국에서도 섬은 확실히 뜨고 있는 추세가 맞다. 가고 싶은 섬, 명품 섬, 예산 출처에 따라 이름은 다양하게 불리지만 결국 개발의 의미는 같다. 붐이라는 파도의 거품 속에서 신중해야 한다는 철학은 처음부터 끝까지 쥐고 있어야 할 곳간의 열쇠다. 한 번 연 문은 다시 닫기 어렵다. 개방과 개발은 농어민이 마지막으로 선택해야 할 그 무엇이다. 규모의 문제가 아니라 공간적, 사회적 미학을 우선해야 할 곳이 섬이다. 엄청난 돈을 쏟아 부었으나 시멘트로 분칠한 어릿광대처럼 다시 버려질 위험도 참고해야만 한다. 개발은 잘 몰랐던 가치를 찾아내는 일이다. 디자인의 과잉으로 인한 수다스러움은 촌스러움의 극치를 낳는다. 거기에는 자연이 주는 미적 쾌감, 혹은 사이좋은 공존은 없고 계량화된 지표만 남는다. 섬, 고립으로 남을 것인가 혹은 독립 부활하여 번창할 것인가.

개발 대상지로 거론되거나 예정된 섬에 대한 사전 자원도 조사가 필수다. 그중에서도 그 섬이 갖는 사회 환경적 용량을 계산하는 일이 먼저다. 대안 관광이냐, 지속가능한 생태 관광이냐, 최소한의 기로는 정해두어야 한다. 기획은 믿을 만하고 적당해야하고 진정성을 담보해야 한다. '더디 가더라도 야물딱지거로' 가자. 섬 개발은 다시 수정하기가 힘든 곳이므로 특히 그래야 한다. 기회가 왔고 기회란 놈을 잘 붙잡아야 하지만 자칫 멱살을 잡아서 질식하게 해서는 안 될 일이므로 느닷없는 개국보다는 차라리 쇄국이 낫다. '좋은 길은 좁을수록 좋고 나쁜 길은 넓을수록 좋다'는 건축가 김수근의 말을 속으로 되뇌었다.

에코아일랜드 연대도

2 간택의 이유는 '폐교'

주민이 100명 안팎 살고 있을 것, 생태가 건강하게 유지되고 있을 것, 외딴 섬이 아닐 것, 문화나 풍속이 남아 있을 것, 난개발이 없고 매립이 덜 진행된 곳, 자연 풍광이 아름다운 곳, 주민들의 의지 등의 조사 항목을 가지고 우선 서류로 걸렀다. 인구와 거리에서 많은 섬들이 차순위로 밀려나고 7개 후보군이 남았다. 용초도, 죽도, 곤리도, 지도, 추도, 연대도, 학림도를 모두 다녔다. 2007년, 생태섬 후보 조사위원회를 구성해서 섬마을에 대한 지속가능성을 시험해보고자 했을 때까지만 해도 일이 이렇게 커지리라고 예상하지 못했다.

3개월여에 걸친 대략의 조사가 끝나고 연대도가 적지라는 판단을 내렸다. 이유는 많았다. 연대도는 통영항에서 남쪽으로 19km 떨어진 작은 섬으로 달아공원에서 건너다보이는 다도해 섬 중 하나다. 한려해상국립공원에 속한 덕분에 지금도 손때를 덜 타서 자연스러운 촌스러움이 남아 있어 존재 그 자체로 아름답다. 육지와 어선으로 15분 남짓한 거리임에도 섬의 자연 환경이 전혀 파괴되지 않았고, 다른 섬에서 보기 힘든 패총과 봉수대 같은 유적들도 고스란히 남아 있어 역사적 의미가 남달랐다. 또한 어촌계를 선두로 48가구 82명이 어업과 농업에 종사하고 있어 마을 공동체가 잘 형성된 데다가 마을 일을 할 수 있는 연령층도 남아 있었다. 무엇보다 다른 섬의 경우 이미 외부에 팔아버린 폐교를 마을 어촌계에서 빚을 내고 거금을 들여 사서 가지고 있다는 점이 주목할 만했다. 연대도에는 환경과 공간과 사람이 있다. 이는 더 이상 다른 곳을 더 찾아다니지 않아도 될 만큼 의미 있는, 가장 중요한 요인이었다.

답사의 기억은 좋았다. 아직 대상이 확정되지 않았으나 오랜만에 찾아온 외지 방문객들을 민박집 아저씨는 정성을 다해 맞아주었다. 기대하지 않았던 문어까지 솥에 들어갔다 나오니 조사단 사람들은 답사의 목적을 잊고 몽돌해변의 밤바다에서 나름의 인생과 정서 상황을 조사하기 시작했다.

연대도와의 첫 만남은 한 번쯤 와본 듯하다는 기시감이었다. 낯익은 골목을 지나 몽돌해변으로 내려섰을 때 그것은 기시감이 아니고 정말 와본 적이 있었다는 사실을 깨달았다. 20대 후반에 스쿠버다이빙을 배울 때 선배들과 배를 타고 왔었던 곳이었다. 프로들은 저 깊은 암반 근처에서 나는 10m 남짓한 몽돌해변에서 잠수 연습을 한 적이 있다. 그것도 인연이라면 인연이었다.

에코아일랜드 연대도

크기는 작지만 있을 것은 다 있고
필요 없는 것은 없는 섬.
해변도 사람들도 마을도 다정한 섬.
연대도는 그 자체로도 충분히 아름다운 섬이다.

에코아일랜드 연대도

3 에코고 개코고
나는 싫어

옛말에 "등 따시고 배부른 게 최고"라 했다. 배부른 것보다 등 따신 것을 우선으로 내밀었다. 기후 변화와 에너지 고유가의 시대, 소처럼 되새김질 해 볼 만한 대목이다.

에너지 위기를 극복할 대안은 지역에 있다. 엄청난 생산력을 담보하지만 위험천만한 핵에너지를 멀리하고, 안전하고 지속가능한 에너지를 구한다면 마을과 지역에서 소규모로 시작하는 것이 순리다. 선진국들은 공연히 선진이 아니라 대안에너지를 연구하고 설치하는 것에서도 역시 저만치 앞서 나갔다. '가리늦게(뒤늦게)' 시작한 우리나라도 가랑이가 찢어져라 달려보지만 여전히 꿈도 못 꾸고 있는 지자체가 더 많다.

멈출 수 없는 유혹, 대안에너지

건축물의 형태도 시대에 맞게 바뀌어야 한다. 햇빛이 많이 비치는 건물의 외벽은 돈이 들어오는 곳이다. 태양광 전지판을 붙이면 된다. 그냥 비워두기에 아까운 공간이다. 독일은 건물의 에너지 사용 등급이 정해져서 건축물을 매매할 때 중요한 기준이 된다. 유리 온실처럼 짓는 건물은 유지를 위한 냉난방비가 엄청나므로 세입자는 물론 지구에 민폐를 끼치는 나쁜 건축물이다. 통영 달아에 있는 수산과학관 건물이 대표적인 예다. 햇빛 좋고 바람 좋은 그곳에 전기는 태양광으로 온수는 태양열로, 거기다가 보완으로 풍력발전기를 설치한다면 유지비를 지금의 절반 이상 줄일 수 있을 것이다. 모쪼록 착한 건축이 필요한 시대다.

발전기를 켜서 전기를 돌리는 섬마을이 제법 있다. 수우도를 비롯해 매물도 등이 그렇다. 한 달에 약 3천만 원이라는 유지비가 들어가는 바보

짓이다. 1년이면 3억 원이 넘는데 그 돈이면 마을 전체가 쓰고 남을 태양광 발전소를 짓고도 남는다. 몰라서 안 하는 것인지 지역 경제 활성화 차원에서 돈을 쓰고자 하는 것인지 알 수 없지만 답답하기 그지없다.

지역에너지는 시대의 대안이자 복지의 시작점이다. 허술한 경로당을 리모델링하고 대안에너지로 따뜻하게 데워 공동취사가 가능하도록 돕는 원주의 '노나메기' 사업은 마땅히 본받아야 할 사례다. 도시의 좁은 공간보다 우선 자연 마을에서 마을에너지 사업을 시작해야 한다. 무엇보다 전기가 들어가지 않는 섬 주민들에게 착한 불빛을 비출 때다. 햇빛은 낮에만 소용 있는 에너지가 아니다. 축전지에 모아두면 밤에도 빛나고 열이 난다.

2007년 에너지경제연구원의 발표에 의하면 한국에서 대안에너지의 최적지 중 하나가 남해안이라고 한다. 연대도 마을 만들기 프로젝트의 방향을 에코아일랜드로 잡은 것은 지극히 자연스러운 흐름이었다. 다만 마을 사람들에게 이를 어떻게 설명하고 합의를 이끌어 낼지가 큰 숙제였다. 바다에 둘러싸여 사는 섬사람들은 이미 누구보다도 자연에 가까운 삶을 살고 있는 사람들이다. 환경에 순응하며 돌보는 것이 섬사람들에게는 몸에 익은 삶의 일부였기에 생태마을은 새삼스러운 이야기로 들릴 것을 알고 있었다. 사실 그 개념조차 와 닿지 않을 게 분명했다. 첫 설명회를 앞두고 주민들에게 어느 선에서 어떻게 이야기해야 할지가 고민이었다.

연대도 첫 설명회

첫 번째 설명회가 아직도 기억에 남는다. 행정과 푸른통영21 사무국과 위원들, 그리고 통영RCE도 참석했다. 협소한 마을회관에 주민들이 관에서 손님들 오셨다고 새 옷으로 갈아입고 모였다. 생태마을이 무엇인가에 대한 설명과 에너지 자립마을에 대해 아주 간략히 소개를 하는 자리였다. 20분간의 프리젠테이션이 끝나자 주민들은 약간 술렁대기 시작했다. 여기저기서 구시렁거리는 소리가 쉴 새 없이 들렸다. '저것들이 어디서 듣도 보도 못한 소리를 하고 있구나, 뭐하자는 수작이지?' 하는 분위기였다. "그래서 우짜자는 기요?" 참다못해 누군가 물었다. 담당 계장이 행정을 대표해서 설명에 들어갔다.

"그러니까 에, 또 우리 마을을 생태마을로 조성해서 주민들 삶의 질도 드높이고… 에너지도 자립하는… 발전소도 있고 그런 모범적인 사례로 한 번 맹글어 보자는 그런 취지에서 주민 여러분의 동의를 구해야 하고……."

"우리는 평생을 생고기 배 따묵고 사는 사람들이라 무신 말인지 몰라서 묻는 기니까 다시 한 번 물어보겠는데요, 그 에콘가 개콘가 하는 생태마을이 머하는 기요?"

속에 든 것은 알차지만 가뜩이나 표현이 그에 못 미치는 사람인데, 주민들의 질문 공세가 이어지자 길을 잃었다.

"그러니까 에, 또 생태마을이라는 거슨, 즉 말하자모 자연환경도 살아 있어야 되지만, 에 또 있는 그대로를 잘 보전해서 후손들에게……."

담당 행정 계장의 말은 더 이상 이어지지 못했다. 연대도 특유의 '집단으로 질문하기'가 시작되었기 때문이다. 한 사람씩 손을 들고 질문하라고 외쳤지만 그 소리조차 커다란 여러 목소리에 깔려 버렸고 더 이상의 반응이 없자 주민들은 일어나서 나가버렸다. 그럼에도 설명회는 두세 번 더 계속되었다. 일부러 그랬기야 하겠냐마는 언제부터인가 이장도 더 이상 전화를 받지 않았다. 찾아가도 집에 없고 밖에 있다거나 어장에 있다는 소리만 하고 끊었다. 피하는 거라고 생각했지만 자꾸 찾아가고 또 찾아가기 시작했다.

예산은 이미 정부부처의 '에너지 자립 시범마을' 공모 사업을 통해서 어느 정도는 확보해 놓은 상태였다. 그렇다고 태양괭발진소만 덩그러니 지어놓고 만다는 것은 차라리 안 하느니 못한 일이었다. 날이 갈수록 애가 탔다. 주민들이 특히 이장단이 도무지 반응이 없어서 시장실 문을 두드렸다. "이러저러해서 여차저차 하니 연대도를 한 번 방문해 주심이 사태 해결에 도움이 될 듯합니다" 사정하니 바쁜 일정을 미루고 행정선을 움직여 연대도를 향해 출발했다.

처마 밑에 나 잡아봐라 놀이하듯이 숨어있던 주민들이 이장의 방송을 듣고 모두 마을회관에 모였다. 시장은 간결하게 다시 한 번 마을의 비전과 도약을 그리고 협조를 제시하였다. 주민들은 지난번에 비해 아주 얌전하게 손을 들고 질문하기 시작했다. 주민들을 한꺼번에 다 모을 기회는 자주 오지 않으므로 안테나를 쫑긋 세우고 경청했다. 사족을 떼고 나면 결국 재산권 행사 침해가 가장 큰 걱정거리였다. 연대도는 오랫동안 사패지로 묶여 있었다고 한다. 충무공을 모시는 재단으로부터 사유재산권 독립을 한 것도 불과 10여 년 안팎의 일이고, 국립공원으로 묶여 재산권 행사를 제약 받은 세월도 40여 년이라 했다. 이제야 살 만한데 느닷없이 생태섬으로 지정하자고 하니 주민들은 자라와 솥뚜껑이 구분되지 않을 정도로 놀란 가슴이었던 것이다. 주민들의 행정 불신이 어디에서 시작됐는지 사유를 명확히 알고 이해하는 것은 언제나 중요하다.

"그러면 사유재산권을 절대로 침해하지 않겠다는 각서를 써 주시오!"

"시장이 그런 것은 써 줄 수 없소. 다만 그런 일은 절대로 없다는 것을 여기 모인 주민 모두 앞에서 약속하겠소. 그래도 정 못 하겠다고 하면 다른 섬을 찾아 볼 것이오."

다른 조건은 다 좋았으나 가장 중요하게 남은 것은 주민들의 동의와 참여였다. 몇 번의 설명회에도 주민들의 반응은 시큰둥했다. '에코아일랜드', '화석에너지 제로 섬', '생태 섬' 같은 용어도 처음 듣는 데다가 가난하지만 질박하게 살아온 섬 살이의 자유를 견제하고 간섭할까 우려하여 번거롭게 여긴 것이다.

시장은 일정에 쫓겨 주민들이 정성들여 준비한 자연산 회를 한 점 뜨는 둥 마는 둥 하며 섬을 나갔다. 주민들은 다소 의아한 표정으로 있다가 저녁 회의를 통해 결정하겠다고 했다. 어쩌면 마지막 설득일지도 모른다는 생각이 들어서였을까, 꿈자리마저 뒤숭숭했는데 급기야 섬을 나오는 길에 들른 식당의 비상계단에서 지하실로 굴러떨어지고야 말았다. 전치 18주의 끔찍한 사고였다. 다음 날 아침, 온몸에 붕대를 칭칭 감은 채로 병실에 드러누워 주민들이 일단 하기로 결의했다는 소식을 들었다. 이때 추락 사고의 후유증으로 아직도 비만 오면 등뼈가 매우 아프다.

4　맨발 벗고
　　밭매기 놀이

　　수술 때문에 머리를 박박 깎고 허리에는 보호대를 차고 모자를 쓰고 석 달 만에 섬으로 출근했다. 몸빼를 입고 밭으로 오르는 길에 "오랜만이네요" 지나가는 누군가 아는 체를 했다. 반가워서 눈물이 찔끔 나려고 했다.

　　거의 사흘에 한 번 꼴로 섬에 갔다. 당시 하루에 두 번 있던 정기여객선을 타기도 했고, 요령이 좀 생겨서 달아마을에서 섬으로 들어가는 어선을 얻어 타기도 했다. 혹시나 민폐를 끼치거나 실수를 하면 안 되므로 뱃삯이나 민박 비용은 언제나 정확하게 계산했다. 겨울 섬은 너무나 고요해서 몇 차례 설명회 때 그 많은 사람들이 어디서 나왔는지 궁금할 지경이었다. 배가 자주 고팠지만 섬에 하나뿐인 구판장은 늘 문이 닫혀 있었다. 폐교 마당에 앉아 차갑게 식은 충무김밥을 먹다가 급체한 적도 있었다. 식은땀을 흘리며 텅 빈 운동장을 정신없이 달리고 나서야 온갖 것을 게워내고 맑은 정신으로 마을에 돌아갔다.

　　그동안 섬에도 작은 변화가 있었다. 잘생기고 어진 전 이장님이 그만두고 새로운 이장이 탄생했다고 해서 만나보았는데 새 이장이 아니라, 이전에 오랫동안 장기집권 했던 옛날 이장이라고 했다. 행정에도 밝고 추진력도 있어 보여서 마음이 놓였다. 어촌계장도 바뀌었다고 해서 만나보려고 몇 차례 집을 방문했는데 늘 집이 비어 있었다. 듣자하니 바다에서 고기 잡느라 바쁘다고 했다.

　　딱딱한 설명회를 마치고 대략의 동의는 얻었지만 갈 길은 천리나 멀었다. 천천히 더디 가자고 마음을 고쳐먹었다. 정부에서는 '예산 조기 집행'이라는 이상한 돈 쓰기 작전을 만들어서 일선 행정을 괴롭혔다. 당연히 설명회다 뭐다 하면서 예산 집행을 미루고 있는 우리 단체에게도 압박이 오기 시작했다. 조긴지 명탠지 모르겠으나 일이 진행되어야 돈도 쓰는 법, 참 난감한 주문이라고 생각했다.

섬마을 만들기의 첫 번째 미션은 '주민들과 함께 일하기'였다. 일손 부족으로 놀고 있는 휴경답을 빌려 주민들과 함께 계단식 꽃밭을 조성하는 것이었다. 물론 적지만 인건비도 마련했다. 소일거리로 굴 까는 공장이라도 다니고 싶지만 그러지 못하는 섬마을 할머니와 아낙들이 앞다퉈 신청을 했다. 오래 묵은 밭에는 칡이 울울창창했다. 포클레인이 칡뿌리를 걷어낸 후 할매들이 투입되어 호미로 흙덩이를 쪼개고 보드랍게 만드는 작업을 두 달 정도 진행했다. 간식을 사들고 밭으로 가면 할매들이 우선 반겼다. 같이 맨발로 호미 들고 흙덩이 부수면서 이런저런 말을 섞었다. 섞이는 것은 이토록 좋은 것이다.

할머니들은 결국 동네 남정네들의 어머니들이거나 친구의 어머니라도 된다. 아니면 일가 친인척이다. 할머니들과 관계를 트자 갑자기 많은 것들이 수월해졌다. 동네 이야기가 술술 나오고 사는 이야기, 살아온 이야기들이 꽁꽁 동여맨 시렁 위의 보따리가 풀리듯 흘러나오자 마음도 조금씩 풀어져갔다. '역시 나는 할매파야' 속으로 실실거리느라 별로 해본 적 없는 호미질로 손바닥에 물집이 잡히고 터져도 아린 줄을 몰랐다.

이어서 무시무시한 남정네들과의 말길도 트이기 시작했다. 해질녘 고기잡이에 나갔던 어부들이 하나 둘 포구로 앞서거니 뒤서거니 돌아오면 배를 기다리던 각시들도 하나 둘씩 포구로 마중을 나온다. 이 물칸 저 물칸에서 팔지 않고 남겨온 생선들을 한 마리씩 푸드득 건져 올리면 눈치껏 구판장으로 달려가서 소주를 사오는 요령을 터득한 것은 한참 뒤였다. 치음에는 작은 병으로 서너 개 사왔다가 낭패를 봤다. 여기서는 '한 뱅'이 플라스틱으로 된 됫병 하나를 말하는 것이었다. 어쨌거나 저마다 능숙한 솜씨로 회를 뜨면 이내 조촐한 해질녘 술자리가 마련되었다. 약간의 주량도 갖고 있다고 평소 자부했지만 커다란 잔으로 권하는 양은 언제나 너무 많아서 막배를 얻어 타고 육지에 내리면 차에서 한숨 자기가 예사였다. 그나마도 힘들면 할매들 집에서 자기도 하고 부녀회관 민박에서 자기도 했다. 다음 날 일하기는 그게 더 수월했다.

그동안 집에서는 여러 차례 난리가 났다. 일에 꽂히면 미친 듯이 몰두하는 나쁜 습관이 결혼 전에는 좋게 혹은 멋있게 보였겠지만 막상 현실에서 부딪히자 신랑은 번번이 당황했다가 이제는 눈도 꿈쩍 않는 각시한테 질려버린 듯했다. 하지만 대안에너지에 관해서는 자타가 공인하는 전문가 수준에 이르는 실력을 가진 사람이었던 터라 결국 연대도 일을 응원하지 않을 수 없었다. 지열까지 시도하라는 주문도 사실은 그가 했다. 두어 차례 현장에 따라와 본 이후로 더는 말이 없었다. 나중에는 에너지 자립 시설에 대한 개인 감독이 되어 오히려 열심히 도와주었다.

주민들과 미처 온전히 친해지지는 못했으나 어느새 가을에 씨를 뿌리고 계절은 또 바뀌어 봄이 되었다. 아침 7시가 채 되지 않은 시간에 전화벨이 울려 부스스 휴대폰을 들여다보니 낯선 번호였다. 전화를 받자 다짜고짜 커다란 목소리가 터져 나왔다.

"윤국장, 이때이(여태) 자요? 꽃이 만발천발 피서 무지 이뻐서로 번호를 알아가 전화를 하요. 일간 한번 댕기가소!"

철커덕 하고 전화는 그렇게 끊겼다. 주민에게서 온 첫 번째 전화였다. 더할 나위 없이 좋아서, 먹먹해서 눈물이 자꾸 났다.

사진ⓒ이상희

에코아일랜드 연대도

5 마음 얻는 일이
      제일 힘들어

　2년을 훌쩍 뛰어넘어 2009년이 지나고 있었다. 그동안 한 것이라고는 회의와 회의, 그리고 주민들과 꽃밭을 만든 일, 주민들이 숙원 사업이라고 제안한 섬 둘레길을 복원한 일이 전부였다. 재미있게도 화석연료 제로 섬을 표방했지만 프로젝트 시작한 지 2년이 넘도록 흔한 태양광 발전기 하나 설치하지 못했다. 하지만 눈에 보이는 진척은 없어도 계획은 줄기차게 이어지고 있었다. 마음속으로는 조금 불안하기도 했지만 내심 그게 더 희망적이라고 생각했다. 마을 만들기의 콘셉트가 탄소 제로의 섬으로 가보자는 것이었지만 정부와 지자체에서 보조금을 쏟아 시설만 설치하는 사업과는 명백하게 다른 목적이 있었기 때문이다. 에코아일랜드 만들기에서 재생가능 에너지는 그 자체가 목적이 아니라 하나의 구성 요소였다. 민관협치의 파트너십은 포클레인이나 삽보다도 더 중요한 도구다. 거버넌스(행정과 시민사회, 민간 부분을 포함하는 다양한 구성원이 네트워크를 강조하여 함께 국정운영에 참여하는 방식)를 통한 거북이걸음을 원했다. 주민들의 속도가 거북이인데 나와 행정이 토끼처럼 뛰어가 봤자 숨차게 되돌아오는 일만 반복할 것이 뻔했다. 그리고 이미 너무나 많은 에너지마을 실패 사례를 보고 있었기 때문이다.

　행정과의 파트너십은 의외로 순조로웠다. 훌륭한 공무원들이 함께 했기 때문에 가능한 일이었다. 여기저기 지속가능발전 워크숍에도 함께 자주 다니면서 서로에 대한 신뢰와 식견을 더불어 넓혀나가는 데 마음과 시간을 아끼지 않았다. 만리장성 쌓는 일도 결국 사람이 하는 일이다. 사람과의 관계가 원만히 소통되지 않으면 단 한 발자국도 앞으로 나아갈 수 없다. 애당초 연대해서 함께 하자던 다른 단체는 언젠가부터 소리 소문도 없이 멀어졌다. 가장 중요한 주민 교육을 맡아줄 수 있겠느냐고 부탁해보았지만 '어렵다'는 대답이 돌아왔다. 모두가 첫 마음으로 함께 가면 좋겠지만 늘 한마음일 수는 없다. 포기도 때로는 현명한 선택이 된다.

행정에서는 특유의 서류 제작의 장점을 살려서 제 몫을 다했다. 사업 시행 전 가장 먼저 한 일은 '생태 섬 보호 · 육성 조례안'을 만드는 것. 조례안에는 '수려한 자연 경관과 역사 · 문화적으로 보존 가치가 있는 섬의 인위적인 훼손을 막고 지속가능한 섬을 만들어 미래 세대에 물려주자'는 내용을 담고 있다. 더불어 '생태 섬 심사 위원회'를 구성해 생태 섬 지정, 조성 계획 수립과 변경, 재생가능 에너지 시설 설치, 생태 건축 등을 심사하고 지원한다는 내용을 담았다. 이 조례를 통해 예산 지출의 근거를 만들었다. 추진위원회 구성원 16명 중 6명이 주민이고, 주관 단체인 푸른통영21, 지역 언론, 전문가가 참여했고, 공무원은 단 한 명만 들어가 있다. 주민이 중요하다는 것을 말뿐 아니라 위원회 구성에도 반영했다.

시민들로 구성된 푸른통영21 위원들도 열심히 제 몫을 다해 도왔다. 특히 더운 여름날 우거진 잡초를 매는 일에 젊은 위원들을 자주 동원하였다. 땀과 흙먼지로 온몸이 흠뻑 젖어도 누구나 불평하지 않았고, 주민들과 함께 호흡하고 함께 논의하는 자리에 늘 있었다. 풀밭 매기는 물론 꽃밭 구조물을 심거나 사다리를 옮기는 일, 의자를 나르거나 받침목을 설치하는 일 등등 온갖 힘들고 험한 일을 마다하지 않았다. 누군가 우스갯소리로 "시장이 위촉하는 시청 소속 위원회에 들어가면 편하게 앉아서 보고 듣고 의견만 말하면 될 줄 알았는데 잘못 들어온 것 같다. 무슨 위원회가 맨날 막일만 시키느냐"고 항의하기도 했다. 그 전통은 다행스럽게도 지금까지 이어지고 있다. 사실 그게 우리의 힘이다.

"관광버스 타 봤나? 안 타 봤으면 말을 하들 말어."

그랬다. 주민들을 딱딱한 의자에 앉혀두고 무슨 교육이니 지속가능성이니, 멀쩡히 잘 있는 마을 만들기니 해봤자 나날이 지루함만 더할 뿐이다. 교육이란 말도 참 그렇다. 다 큰 어른들에게 아니 평생을 열악한 섬 지역에서 온몸으로 살아낸 지혜투성이의 어르신들께 교육이라는 단어를 쓰는 것도 사실은 무례한 일이다. 공감대 조성이라고 쓰고 소통이라고 읽는게 맞다.

"소통이 머꼬? 소하고 통하자는 말이가?"

"예, 군이 설명하자모 그렇지예. 소하고도 통하는데 우찌 우리 사람끼리 말이 안 통하겠습니까!"

"그래서 통해 가이고 머를 우짜자꼬?"

"머 좀 우찌 더 재미나고 행복하거로 살아보자 이 말이지예."

그래서 관광버스를 타게 되었다. '주민 선진지 답사'라는 그럴듯한 명분을 걸고 새벽 6시 버스에 오를 때만 해도 그저 흔한 답사길이겠거니 했는데 버스가 시내를 벗어나자 이것이 그 유명한 흔들흔들 관광버스라는 것을 깨닫게 되었다. 안면도 꽃 박람회와 부안 시민햇빛발전소를 돌아오는 1박 2일의 긴 여정이었다. 꽃 박람회는 주민들과 일구어 놓은 다랑논에 가득 핀 꽃들을 가지고 무엇을 어떻게 해야 하는가를 보고 배우자는 것이었고, 부안 시민햇빛발전소는 "태양광 발전 시설이 뜨겁고 눈이 부셔서 반대한다"는 일부 주민들의 주장 때문에 선택한 목적지였다.

가뜩이나 귀가 어두운 노인들이 가득해 평범한 대화도 고성으로 오가는 버스에 뽕짝뽕짝 뽕짜자작작 울리는 전자음악의 데시벨은 300이 족히 넘어보였다. 어제까지 아이고 다리야, 허리야 하던 주민들은 갑자기 완쾌되어 일제히 자리에서 일어나 춤추고 노래하고 부어라, 마셔라 한마디로 이동하는 '클럽'이었다. 얌전하던 밀양댁도, 수더분하던 도산댁도 의자에서 일어나서 엉덩이를 실룩대며 춤을 추고, 할배들은 쉬지 않고 노래하고 그러기를 이틀 동안, 거의 아무도 자리에 앉지 않았던 것 같다. 답사는 평계가 되어가고 주민들은 모처럼 일심동체가 되어 1년 동안 쌓인 고된 노동의 피로를 땀으로 배출하고 있었다. 안면도 꽃 박람회장의 그 넓은 공간을 둘러보는 데 한 시간이 걸리지 않았다. 모두들 잽싸게 차에 올라타 있었다. 부안 시민햇빛발전소의 내용을 소개하는 담당자의 말은 귓전으로 바람처럼 흘러갔다. "눈도 안 부시고 안 뜨겁네. 가자!" 결국 그것이 목적이었으니 달성은 했지만 기획한 담당자로서는 참으로 황당한 답사였다.

그래도 참 보기 좋았다. 만면에 가득한 술기운과 미소로 노래하고 춤추는 모습은 아름다운 휴식의 진면목일 터였다. 도로변 풀밭 아무데서나 버스를 세우고 부녀회에서 알뜰살뜰히 준비한 각양각색의 특별하고도 귀한 통영의 술안주를 멋지게 차리면 그 자리가 즉석 야외 카페가 되고 식당이 되었다. 휴게소 한편에 펼쳐 놓은 안주들을 구경하러 사람들이 모일 정도였고 개중에 눈 밝은 사내는 "한 점 얻어먹읍시다" 하며 젓가락 챙겨 달려드는 이도 있었다. 안주는 별 거 없었다. 호래기(꼴뚜기) 먹물 째 살짝 데친 것, 군소 잘 삶아서 참기름과 마늘 양념에 볶은 것, 낚시로 잡아 올린 자연산 돔 회, 우럭조개 데쳐서 얼린 것, 뒷산에서 캔 두릅 장아찌, 홍합살 말려서 매콤한 양념장에 무친 것, 전복 삶은 것. 뭐 그 정도였다.

술 묵어라, 노래해 봐라, 춤이라도 춰봐라. 시달리다 못해 뒷좌석에서 눈 붙이고 자는 척 하는 것도 한두 시간이지, 나중에는 에라 모르겠다 주는 대로 먹고 마시고 잠들었다가 깨기를 반복했다. 술이 있으면 당연히 싸움도 빠실 수 없는 법. 숙소 인근에서 여흥을 즐기던 한두 사람은 급기야 멱살 드잡이까지 갔는데 아침에 보니 언제 그랬냐는 듯이 어우러지는 것도 보기 좋았다.

여행이 끝나고 다음 날부터 일상의 노동으로 돌아간 주민들. 겨우 이틀이 지났을까, 섬마을에 들러 지나는 할아버지께 물었다.

"아부지, 우리 답사 어디 갔다 왔는지는 기억납니까?"

"오데 갔는지는 잘 모리것고 하이튼 잘 놀았다. 고맙거로!"

'헉!'이란 말은 이럴 때 쓰라고 있는 것일 테다. 그러면 어떠하랴. 아는 만큼 느끼고 본 만큼 배운다. 다음 해에도 우리는 다시 답사길에 올랐다. 현지 주민들과 만나는 프로그램이 있다고 말씀 드릴 때는 그런가 보다 하던 주민들이 대체로 멀쩡한 얼굴로 '슬로시티 증도'의 조성 과정에 대한 발표를 집중하여 듣고 있었다. 그 좋아하는 술도 조금만 드신 것이다. 아, 또 감동 받았다.

7   회의는 회의스럽다

"아, 아, 주민 여러부운, 오늘 오후 2시부터 푸른통영21에서 주최하는 회의가 있습니다아."

언제부턴가 방송을 들은 주민들이 산으로 들로 바다로 슬슬 내뺀다는 것을 눈치챘다. 서당 개도 아닌 사람인 바에야 풍월은 못 읊더라도 그 정도 눈치는 있어야 사는 법. 전략 수정이 절실한 시기였다. 아닌 게 아니라 허구한 날 회의 한다고 꾸지람도 자주 먹었다. "니는 왜 맛있는 거는 안 사오고 맨날 회의만 하자쿠노."

주민 숙원 사업인 연대도 일주 산책길은 어디서 어떻게 내는 것이 좋겠는지, 태양광발전소 짓는 부지는 어디를 선택하고 어떻게 살 것인지, 전봇대를 세울 것인지, 땅으로 묻을 것인지, 빈 집에도 전기를 줄 것인지 말 것인지, 에너지란 무엇이고 태양광의 작동 송전 원리는 어떻게 되는지, 일주 산책로 이름은 무엇으로 지을 것인지, 모든 것을 주민회의를 통해서 결정했으므로 지겨워할 만도 했다. 그래도 어쩌랴, 그래야만 한다. 우리와 행정이 속도전으로 치르면 가능한 일이지만 그건 '마을 만들기'가 아니라 '마을 해치기'에 속한다. 열 명만 모여도 회의를 하고, 장소도 굳이 따지지 않고 마을회관이 아니더라도 자주 모이는 사랑방이나 어부들의 귀로 시간에 맞춰 뗏목에서도, 바람 솔솔 부는 골목에서도 틈만 나면 안건을 던지고 의견을 묻고 들었다.

회의 시간도 주민들 편한 물때에 맞춰야 했다. 섬마을의 시계는 육지와는 다르다. 물 시간이 가장 중요하다. 바닷물이 들고 나는 간조와 만조의 시간이 섬사람들의 일상을 좌우한다. 눈치 없이 배 닦는 일(섬에서는 선창한다고 한다)을 진행하는 일고여덟 시 물때에 회의를 소집하면 욕만 먹는다. 간조 때 물이 빠져나간 틈을 타서 갯벌에서 배 밑창을 닦고 털어내는 작업이라 물이 다시 들어오기 전에 마무리해야 하기 때문이다.

마을 일을 하면서 가장 힘들었던 것이 뭐였냐는 질문을 가끔 듣는다. 주저 않고 '회의'라고 말한다. 나중에는 회의 공포증이 들 정도였다. 대안 에너지 농사를 배우기 위해 몇 년 전 독일을 방문했을 때 십여 년간 주민들을 설득해서 에너지 자립마을에서 에너지 농사마을로 거듭난 마을의 주민 대표도 그랬다. 가장 힘든 것은 커피타임이었다고.

그동안 다양한 이유로 주민들과 회의가 많았던 경험을 갖고 있었지만 연대도 섬마을은 그중에서도 압권이었다. 우선 회의가 진행되면 안건을 두고 여러 명이 한꺼번에 말했다. 결코 한 사람이 혼자 의견을 말하는 법이 없었다. 낮술을 한 사람들도 섞여 있어서 회의는 늘 떠들썩한 장터 같았다. 회의를 하면서 내가 가장 많이 한 말은 "제발 한 분씩 차례대로 말씀하세요"라는 호소였다. 그래서 변변한 회의록 하나 없다. 그래도 그들끼리는 소통이 되는 것이 더 신기했다. 어쩌다 한 사람이 색다르거나 신선한 질문을 하면 그 즉시 "쓸데없는 소리 하지 마라"고 저지당했다. 두 번째 고통은 과하게 큰 목소리였다. 물론 시끄러운 어선의 엔진 소리를 넘어서는 목청쯤은 가져야 섬사람 소리 듣는다지만 좁은 공간에서 태풍 속의 어선에게 닿을 소리로 고래고래 고함을 질러댈 때는 정말이지 폭발하기 직전으로 화가 나기도 했다. 작은 내 목소리가 묻혀서 자꾸만 사라지고 진행이 되지 않을 때는 울음이 목구멍까지 올라올 때도 많았다. 그래도 '회의 마쳤다'고 술 한잔 하러 가자고 할 때는 이게 무슨 회의냐, 한숨이 팍팍 쏟아졌지만 그런 내색을 했다가는 다음 회의는 영영 못할 수도 있으므로 텅 빈 회의록을 덮으면서 따라 일어설 수밖에 없다. 진짜 중요한 회의는 이어지는 뒤풀이에서 더 잘 진행됐다. 물론 아침이 되면 알코올과 함께 날아가 버렸지만.

전략 수정이 필요했다. 우선 장소를 바꿔보는 것으로 시작했다. 동네 안방이나 다름없는 마을회관을 벗어나 시내로 나오도록 하는 것이었다. 동네를 벗어난 곳에서 새롭고 신선한 분위기로, 약간의 긴장감을 갖고 회의를 해보는 것은 어떨까. 일단 시청에 있는 회의실로 마을 대표단을 이끌었다.

　행정, 지원 단체인 푸른통영21이 모여 매우 조용한 가운데 회의를 진행했다. 역시 효과는 있었다. 한꺼번에 큰소리로 떠드는 회의는 아니었으니까. 하지만 문제는 전혀 엉뚱한 곳에 있었다. 마을 분들이 입을 다물고 아무런 말도 하지 않은 거였다. 아뿔싸, 낯을 가리는구나! 장소도 생경하고 잘 모르는 사람들이 섞여 있으니까 혹시라도 실수하지 않을까 싶어 숫제 한마디도 하지 않는 것이었다. 이래서야 안 된다. 실패였다. 하지만 다른 측면의 성과도 없진 않았다. 연대도 마을 만들기 일이 행정과 지원 단체가 매우 심사숙고 하고 있는 중요한 사업이라는 점, 무엇보다 통영시에서도 늘 관심을 갖고 지켜보고 있다는 점, 이토록 많은 사람들이 귀중한 시간을 내어 우리 마을을 위해 노력하고 있다는 점이 전달되었다는 것이다. 그리고 마을의 향후 방향을 결정하는 일에 주민대표단으로 당당히 참여하고 있다는 자부심을 표정에서도 읽을 수 있었다. 다소 지루한 회의를 마치고 식사시간이 되자 참았던 말들이 쏟아져 나오기 시작했다. 정작 궁금한 것을 되묻는 자리였다. 마을에 가서 전달을 할 것이고, 더러는 왜곡될 것이고, 더러는 확대재생산 될 것이었다.

8 둘레길 열리면
마음 길도 열릴까

이장을 동네에서는 '구장'이라고 불렀다. 일제강점기에 동네를 1구, 2 구로 나눌 때부터 부르던 주민대표의 명칭이다. 이전 구장은 말이 없었고 무던했지만 더불어 추진력도 없었다. 새로 구장을 맡은 이는 소음에 가까울 정도로 말이 많았고 까칠했지만 더불어 확실한 추진력이 있었다. 공평한 처사였다. 마을 만들기에는 보다 강력한 지도력이 필요하다. 그것도 매우 공정한.

주민들과 첫 설명회 당시 마을회관 2층으로 오르는 계단은 이분으로 인하여 매우 소란스러웠다. 까무잡잡한 얼굴, 깡마른 몸매, 강단진 얼굴에는 용기와 배짱이 충만했다. 그는 설명회 시작부터 다짜고짜 소리를 질렀다.

"도대체 무신 씰데없는 수작들이고! 우리 마을이 뭐 어떻다고 뭐를 어떻게 하자는 소리고? 에코고 개코고 개소리 집어치우고 모도 다 일나서 집에 가소! 비싼 밥 처묵고 할 일이 없어가 이런 소리나 처듣고 자빠졌는가베!"

뛰쳐나가는 그를 쫓아가 소매를 붙들고 애원하다시피 말했다.

"아버님, 무슨 이야긴지 일단 들어나 보고 판단하입시다. 주민들이 모두 안 하신다면 안 하는 거지요. 하지만 무슨 내용인지 찬찬히 들어본 이후에 판단해도 안 늦습니다. 제발 올라가십시다!"

"마 이거 놓으소. 들어보나마나 한 소리를 머할라꼬 듣고 앉아 있을끼요? 마을 일은 우리가 알아서 할낀께 당신들은 넘우 마을에 와서 감 놔라 배 놔라 씰데없는 간섭하지 말고 당신들 일이나 똑바리 알아서 하소. 나는 갈라요!"

다시금 소맷자락을 붙잡았으나 그는 매정하게 뿌리치고 회의장을 뛰쳐나갔다. 그랬던 그가 이장이 된 것이다. 연말 총회를 통해서 새로운 이장이 선출되었다고 해서 인사를 하러 들른 마을에서 그 소식을 듣고 잠시 망연자실했다. '이 일을 우야모 좋노, 마을 사람들도 너무한다. 아예 협조는 커녕 함께하지 않을 거라는 뜻을 이런 식으로 표현하다니!' 잠시 안면을 트고 인사를 나누던 주민들마저 모두 무섭게 느껴졌다. 새 이장을 만나러 갈 엄두도 나지 않았다. 더군다나 그는 몇 년 전에 마을주민으로부터 신임을 잃어서 다시는 이장을 하지 않겠다는 각서를 쓴 일도 있었다고 한다. 그런데 어찌해서 이 중차대한 시기에 그 사람을 다시 이장으로 선출한 것일까. 서운함과 절망으로 다리가 후들거렸다. 배를 타고 나오는 바닷길이 노을로 붉었다. 일을 제대로 할 수나 있을까, 이 사태를 어떻게 이해해야 할까. 멀어져가는 섬을 보니 갑자기 눈물이 투두둑 떨어졌다.

우선 시간을 좀 벌어야 했다. 나도 그도 서로의 입장에 대해 이해하고 생각할 시간이 필요했다. 스스로 행정의 말단이라고 생각하는 이장이라는 자리는 비교적 행정의 일에 협조적인 직업군이다. 그렇다면 그도 일을 맡기 전과는 생각이 달라질 수 있지 않을까 하는 조심스런 희망과 함께 설명회 당시의 그악스런 거부의 몸짓도 함께 떠올라 혼란스러웠다. 일단 주민들 중 한두 명과 이야기를 나누어 보았다. "이 상황에서 마을 일을 맡겠다는 사람이 한 사람도 없어서 고민 끝에 어쩔 수 없이 맡겼다. 아마도 협조해서 잘할 것이니 너무 걱정하지 말라"는 다소 긍정적인 답변을 얻었다.

한 달이나 지난 후에야 비로소 첫 만남을 가졌다. 새 이장은 아무 일도 기억에 없는 듯한 얼굴이었다.

"동네일을 맡으셔서 고생이 많으시겠습니다. 행정과 정부부처, 그리고 지원 단체인 우리가 주민들과 함께 제2의 도약을 시작해보려고 합니다. 모쪼록 많이 도와주실 것이라 믿습니다."

정중하게 인사를 하자 새 이장은 뜻밖의 발언으로 다시금 나를 놀라게 했다.

에코아일랜드 연대도

"마, 그때야 내가 잘 모리고 소리를 질렀는데 마, 속에 담아두지 마소. 읍에 이장회의 나가서 이야기를 들어보니께 이게 반대한다고 될 일도 아니고 이왕지사 이렇게 선정이 된 거, 열심히 도와서 잘해보입시다. 이래 뵈도 이 동네 일은 나만큼 잘 보는 사람도 없을 끼고, 아시다시피 전 이장은 사람은 양반인데 추진력이 좀 부족한 사람이라 국장이 힘들었을 끼요. 내사 마, 한번 한다모 하는 사람인께 일이 되거로 해볼 테니까 마, 그간에 서운한 점은 다 잊아삐고 해보입시다."

어안이 벙벙해진 나는 그저 감사하고 고맙다는 말밖에 할 수 있는 말이 없었다. 단점은 뒤집으면 장점이 된다는 말을 생생하게 실감할 뿐이었다. 새 이장은 괄괄한 성격만큼 추진력도 팔팔해서 사실 여러모로 도움이 되었다. 말도 많았고 입도 거칠어 욕도 잘했지만 떠드는 만큼 주민들이 알게 되니 이것도 소통이라면 소통이다. '마이크 빨'이 세서 마을회관에서 한번 마이크를 들면 귀를 틀어막아야 할 만큼 시끄러워도 무언가 움직이면서 일을 하니 차라리 도움이 되었다.

일의 내용을 다시 설명하고 일의 우선순위를 정하던 중 그가 말했다.
"숙원 사업이라꼬 알지요?"
"아, 예."
"우리 마을에 오래된 숙원 사업이 하나 있는데 그거를 우선 시행해 보모 우떻것소? 그라모 나도 주민들한테 면도 서고 좋을 것 같은데."
"무엇입니까? 해당 사업에 관련된 것이면 먼저 하지요."

이렇게 시작한 것이 '산길 내기' 공사였다. 불과 십수 년 전까지만 해도 마을에 전기가 들어오지 않아 땔감용 나무 하러 다니느라, 젊은 사람들이 많았을 때는 산밭에 다니기도 하고, 또 성묘다 뭐다 해서 다니던 산길이 사라져버렸다는 것이다. 풀이 우거지고 인적이 뜸해지자 금세 자연으로 되돌아간 그 길을 다시금 말끔하게 되살려달라는 말이었다. 어려운 일이 아니었다. 어차피 생태마을로 가기 위해서는 섬 일주도로가 필요했고 일주도로는 포장이나 매립을 하는 삭막한 도로가 아니라 기존의 흙길을 복원하는 것이 마땅하다는 계획도 있었기에 속으로 쾌재를 불렀다. 행정 담당 김경순 씨도 흔쾌히 동의했다. 산림조합에 의뢰해서 산길 복원을 시작했다. 옛길을 생생히 기억하고 있는 이장이 앞장을 섰고 우리는 뒤따르면서 리본을 묶어 길을 표시했다. 비로소 주민대표와 지원 단체, 행정이 함께 숲길을 걸으며 하하 호호 웃음 길이 열렸고 곧이어 숲길을 만드는 전문가들이 폭 1.5m, 총 길이 2.2km의 섬 한 바퀴를 돌아오는 오솔길을 고스란히 복원해 냈다. 숲길을 따라 걸어본 주민들의 얼굴에도 미소가 번졌다.

"속이 뻥 뚫린 거 맨키로 써언하더라(시원하더라). 새로 가보이 숲이 울창해가이고 억수로 멋지데. 오곡도도 바로 건너다보이고 하나도 안 변했더라. 그나저나 누구네 집은 성묘 가기 좋것더라. 고속도로가 뚫린 거나 한가지 아이가? 이참에 한 턱 내야지! 성묘 갈 때마다 을매나 힘들었노? 낫으로 풀을 처냄서로 댕겼다 아이가!"

그날은 산판에서 떠들썩한 잔치가 벌어졌다. 어부들이 잡아온 고기는 자꾸만 도마에서 회로 변했고 소주병은 늘어갔다. 기분에 취한 나도 주는 대로 받아먹고 결국은 부녀회관 민박에서 꼬꾸라졌다.

아직은 부드러운 흙길. 새 풀도 돋아나지 않은 숲길을 따라 천천히 걸어보았다. 길만 복원했을 뿐이지, 옹달샘도 쉼터도 하나 없는 수더분한 길이었다. 앞으로 추가해야 할 일도 가늠하고 숲의 속살인 생태계 전반에 대한 조사도 겸한 걸음이었다. 길을 걷던 중 무언가를 만났다. 누런 빛깔에 팔뚝만한 굵기의 무언가가 움직이는데 처음에는 나무둥치겠지 했다가 어느 순간 발걸음이 딱 얼어붙었다. 구렁이였다. 멸종위기종이자 법정보호종인 구렁이가 눈앞에서 천천히 길을 건너 아래쪽 숲으로 이동하고 있었다. 무서움보다 반가움이 앞섰다. 아차, 카메라를 꺼내야지 하는 사이에 이미

에코아일랜드 연대도

구렁이는 사라지고 없었다. 마을에 내려와서 호들갑스럽게 구렁이 이야기를 꺼내자 심드렁히 '많다'는 대답이 돌아왔다.

"그 비얌(뱀) 그거 뭐 할라꼬. 보이면 잡이 쥑이야지! 저번에는 우리 집 마당에까지 와가이고 식겁했다 아이가. 어촌계장 불러 가이고 잡았는데 우쨌는지 모리것다!"

"저 그거는요, 나라에서 법으로 보호하는 생물이라서 잡아 죽이면 안 돼예."

"뭣이라? 법으로 구리이도 보호하나? 참 법도 쓸데없는 짓 에지간히 하네."

"예, 이 섬에는 아직 많은지 몰라도 육지에서는 거의 멸종되어 흔적이 없어예. 귀한 생물입니다. 보이면 죽이지 말고 살려주세요. 잡아서 죽이거나 팔면 벌금도 많아요."

"참말로 사람 환장하것네. 비얌 그것이 머시라꼬? 전에 없이 살 때는 아들 군대 보낼 때 몇 마리 잡아서 고아 믹이고 그랬는데, 인자 비얌도 마음대로 잡으면 잽히간다 그 말이가? 법도 순 개법이네."

구렁이를 잡아서 이리저리 만져보는 주민도 있었다. 덕분에 아주 가까이서 구렁이를 만날 기회가 있었다. 만져보고 싶었으나 그러지는 못했다. 숲길은 구렁이 외에도 충분히 아름다웠다. 콩짜개 군락이 수백 평에 걸쳐 있는가 하면 우단일엽, 석위 등 기생식물이 군집을 이루고 있었고, 동백, 사스레피, 서어나무, 식나무, 물푸레나무, 후박나무, 생달나무 등 남부 아열대 수종이 외부의 간섭 없이 잘 자라고 있었다. 중간중간에 자연적으로 흐르는 작은 개울도 있어 숲에 깃들어 사는 새들의 섬터가 되어주고 있었다. 숲길이 끝나는 즈음에는 개간하다 멈춘 밭들이 칡덩굴에 뒤덮여 있었고 자연산 달래가 지천으로 널려있기도 했다.

숲길이 뚫리자 주민들의 마음도 함께 열리는 듯했다. 전보다 반가운

인사가 오가고, 이제 뭔가가 되긴 될 건가 보다 하는 작은 기대와 신뢰가
씩트는 것이 눈에 보이는 것 같았다. 이틀에 한 번 꼴로 섬으로 들어갔다.

9 배 타고
삼백 몇 번

　　통영 여객선 터미널에서 하루에 두 번 있는 여객선은 섬마다 들렀다 가느라 연대도까지 한 시간이나 걸렀다. 그마저도 첫 배는 아침 일곱 시, 마지막 배는 오후 두 시면 끝났다. 산양읍 달아마을에서는 바로 건너다보이는 섬인데 정기 여객선으로 가려니 한참 돌아가야 하는 게 번거롭고 힘들어서 늘 어선을 이용했다. 직선으로 가면 15분이면 도착하는 섬. 처음에는 꼬박꼬박 선비를 받던 마을 배들이 언제부터인가 선비를 안 받기 시작했다. 조타실에 돈을 던지고 오기도 하다가 또 어느 순간부터 나가는 배를 기다려 얹혀가는 방법을 터득하기도 했고, 급하게 부르면 좀 싸게 태워 주는 일도 허다했다. 결국 섬의 모든 배는 골고루 다 타보았다. 사는 것이 그리 빠듯하지 않은데도 꼬박꼬박 선비를 챙겨 받는 배, 조금이라도 입금이 늦으면 독촉하고 화를 내는 배, 마을 일로 다녀가는데 절대로 돈을 받을 수 없다고 화를 내는 배, 언제나 부르면 달려와서 행정과 우리의 손발이 되어 주는 배, 귀가 먹어서 다른 배의 엔진 소리를 못 들어서 해상에서 박치기할 뻔 했던 귀머거리 배 등등.

　　일을 마무리할 때쯤 경상남도의 지원으로 산양읍 달아마을에서 연대도를 비롯한 만지도, 학림도, 송도, 저도까지 인근의 다섯 개 섬만 도는 전용 배가 생겼다. 사실 어선은 낚시꾼 몇 명을 실어 나를 수 있는 허가가 있지만 일반인의 무단 이용은 불법이었다. 바다 중간에서 해경 선박이라도 만나면 어선들은 매우 당황하며 엎드려라, 선내로 들어와라, 한마디로 난리였다. 전용 여객선이 취항하면서 그런 불편이 없어졌지만 대신 주민들의 수입이던 선박 이용료가 대폭 줄어들었다. 2012년 취항한 선박은 차량 두 대, 정원 40명의 작은 차도선이다. 선명은 '섬나들이호'. 영광스럽게도 내가 지었다.

어느 날, 시 해양수산과에서 담당 계장이 전화를 했다. "배를 곧 진수해야 되는데 적당한 이름 좀 지어보이소" 하길래 "제가 무슨 자격으로 선명을 짓겠습니까. 우선 섬 주민들에게 공모를 한번 해보시지요" 하니 안 그래도 그리했다고 한다. 다섯 개 섬에서 이장과 어촌계장들이 모여서 지은 이름은 예상했던 이름에서 한 치도 벗어나지 않았다.

"오도호? 내 그럴 줄 알았습니다. 하하하하……."

밤새워 고민해서 두 가지를 지어서 내밀었다. 첫 번째는 '오지랖'이었다. 자세한 설명도 곁들였다.

"우선 섬 다섯 개를 왕복하니 다섯 오자에 손가락 지를 써서 오지라고 하고요, 오지랖은 순 우리말로 웃옷이나 윗도리에 입는 겉옷의 앞자락을 말하는데 이게 넓으면 속옷 등이 잘 덮이니 원래는 좋은 뜻이지 결코 나쁜 뜻이 아닙니다. 흔히 오지랖도 넓다고 비아냥대는 말투로 쓰이기는 하나 오지랖 자체가 나쁜 뜻은 아니란 말입니다. 또 이런 이름을 가진 배가 전무후무할 것이니, 잘 설명해주세요."

담당 계장은 설명을 듣더니 "그 참 재미있긴 한데 주민들이 받아들일지는 모르겠다"며 일단 전달은 하겠다고 했다. 돌아온 대답은 역시 주민들이 노발대발, 어디서 그런 해괴망측한 이름을 들고 왔느냐고 난리였다는 것이다. 아깝고 아쉽지만 미리 준비해둔 다음 이름이 '섬나들이'였다. 방문객들은 이 섬 저 섬 나들이 하듯 다니고, 주민들도 뭍에 나들이 간다고들 하니 무난하겠다 싶었다. 역시 2안이 채택되었다. 그러나 못내 아쉽다. 다섯 개 섬을 오가는 작고 예쁜 여객선 '오지랖호'. 얼마나 즐거운 이름인가.

섬에 일하러 다니면서 또 한 번 선명을 지을 일이 생겼다. 진심으로 생의 영광으로 생각한다. 이는 신뢰의 깊이와 비례하는 일이므로 더욱 감격스러운 부탁이다.

연대도에서 행정과 우리들의 손과 발이 되었던 배는 '봉성호'였다. 어촌계장의 낡은 배였는데 평소에는 외줄낚시업 허가를 받은 어선으로 멀리까지 나가 고기를 잡는 배다. 봉성호는 오래된 낡은 배였는데 이를 버리고 새 배를 진수하게 되었다는 소식을 들었다. 섬에서 새로운 배를 내린다는 것은 육지에서 새집을 짓는 일과 맞먹는다. 어부들에게 가장 중요한 재산목록 1위는 집이 아니라 배다. 그래서 태풍이 불어서 피항할 때도 어부들은 자신의 배에서 잠을 잔다. 태풍에 배가 낙엽처럼 기울고 흔들려도 어부들은 선실을 지키며 배와 운명을 함께하는 것이다. 언젠가 물었다. 배를 안전한 항구에 피항시켜놓고 육지에 올라와 잠을 자든지 하지 왜 풍랑 속에 요동치며 흔들리는 배에서 잠을 자느냐고. 돌아온 대답은 어부들은 원래 그리한다는 것이었는데 풀이하자면 주인이 풍랑 속에 배를 저 혼자 버리고 편안하게 잠을 자서는 안 된다는 의미다. 미신이기도 하지만 주인이 함께 있어야 배도 안전하다고 생각한다. 아마도 배에도 영혼이 있다고 믿는 모양이었다. 그런 사정을 알고 나니 배와 선주의 공생관계를 대하는 마음이 좀 더 경건해졌다.

아무튼 삐거덕거리던 봉성호를 폐선하고 새롭게 내리는 배의 도색 작업이 끝날 무렵 선명을 부탁해왔다. 몹시 고민되었다. 그렇지 않아도 미신과 터부가 많은 뱃사람들이다. 이틀 정도를 사전을 찾고 선명들을 수집 분석하며 고민했다. 그리고 전화를 걸었다.

"선주님, '베드로'는 어떻습니까? 이분으로 말할 것 같으면 어부 중에 대빵이요. 빽 또한 대단해서 안녕과 무사항해를 기원하는 이름인데……."

말이 채 끝나기도 전에 무뚝뚝한 한마디가 건너왔다.

"양놈 이름은 안돼요."

"베드로는 그냥 양놈이 아니고 예수의 열두 제자 중에 어부로……."

"암튼 안돼요."

'음, 내 이럴 줄 알고 있었지요' 속으로 생각하며 회심의 미소를 띠고 두 번째 카드를 내밀었다.

"그럼 '어부지리'는 어떻습니까? 고기 어(漁), 지아비 부(父), 어조사 지(之), 이로울 리(利) 자를 써서. 음… 하여튼 어부에게 이롭다는 뜻입니다."

"어조사는 뭣이요?"

"음, 그러니까 그게……."

"배 이름이 너무 기요!"

"아니 고작 넉자가 뭐가 길다고 그럽니까? 선명이 꼭 두자라는 법이라도 있나요? 그리고 재차 말씀 드리지만 어부지리는 아주 좋은 이름이라니까요."

일단 어부 동료들에게 한번 물어보겠다고 하고 전화를 끊었다. 다음날까지 아무런 소식이 없기에 몹시 궁금해서 전화를 걸었다.

"어부는 이해가 가는데 지리는 안 좋다 카는데요!"

"예?"

"매운탕도 아이고 지리가 뭣이냐, 허여멀건하니 맛도 없는 이름이라꼬 다들 마음에 안 든다 카네요."

'콧구멍이 두 개라서 그나마 숨을 쉰다'는 옛말을 절감하는 순간이었다. 왜 이렇게 옛말은 틀린 구석이 한 치도 없는 지극히 마땅한 표현들일까.

"여보세욧, 그 지리가 아니라니까요! 참 나 원, 도대체 누가 그런 해석을 합디까?"

도둑놈 만난 개처럼 왈왈거렸지만 뚜뚜, 전화는 이미 끊어졌다. 대략 난감이었다. 이번에는 나도 포기하지 않으련다! 그가 평소 존경해 마지않는 해양과학대 교수님을 들먹였다. 고집 센 목소리부터 바꾸었다.

"그분께 전화해서 한번만 물어보시고 좋지 않다고 하시면 그때 바꾸어 드릴게요."

지금 그 배는 선수에 선명하게 '어부지리호'를 박고 운행 중이다. 통영에서 매해 열리는 한산대첩 축제 때마다 해전의 명장면인 '학익진'을 재현하는데 이때 어선들이 대거 참여하여 조선수군과 왜선으로 나뉘어 해상의 행사를 돕는다. 어느 날 출정식을 앞두고 잠시 정박한 항구에서 만난 시인한 사람이 "배 이름이 참 특이하고 좋다"고 하더란다. 그러나 그뿐, 동료 어부들은 지금도 한마디씩 한단다.

"어이, 지리는 잘 끓고 있나? 고칫가리 맵은 거를 좀 치야 맛이 개운할낀데!"

칵, 마, 쌔리삐?

"에 또 우리 마을에서 쓰는 전기를 생산하는 이것을 태양발광소라고 하는데……."

"아이고 이장님, 태양발광소가 아니고예, 태양광발전소라고 하시야……."

"아따 그기 그기지. 우리사 나가(나이가) 들어가이고 쌔가(혀가) 잘 안 돌아강께 고마 쑥떡 겉이 말하모 찰떡 겉이 알아들으모 되지 우짜것노? 하하하."

에코아일랜드 연대도에는 설비용량 150kW의 태양광발전소가 있다. 마을은 태풍이 넘어오는 남쪽을 등지고 북향으로 앉아 있다. 풍수지리 이전에 살아남는 게 다급했던 섬사람들의 삶에 대한 절박함이 만든 방향이다. 그러나 태양광발전소는 남향이어야 한다. 누전율을 줄이자면 마을과도 가까운 위치여야 한다. 당시 어촌계장이던 이상동 씨의 고구마 밭이 가장 적지였다. 조상 대대로 물려온 거라 정말이지 팔고 싶지 않다는 밭을 행정과 우리, 이장이 달려들어 설득하고 또 설득했다. 그는 정말이지 마을을 위해 싼값에 조상들의 밭을 내놓았다.

주민들을 설득하느라 이미 많은 시간을 놓쳐 마음도 발걸음도 종종걸음을 쳐야했다. 첫 단계인 실시 설계와 함께 업체 선정을 위해 공개 입찰에 들어갔다. 설계 초안은 황당 그 자체였다. 태양광발전소에서 가구마다 송전을 하기 위해 마을 곳곳에 전봇대를 30여 개 심겠다는 것. 이를 본 동네주민들이 발칵 뒤집어졌다. 입이 걸기로 이미 소문난 최이장은 위기에 처한 게가 거품을 잔뜩 밀어 올리는 듯한 모습으로 고래고래 고함을 쳤다.

"씨발노무 새끼들, 내 가마이 안 두끼다. 어데 너무 동네다가 전봇대를 그것도 한두 개도 아이고 스무 개를 심것다꼬? 그라모 기존에 있는 전봇대하고 합치모 마흔 개는 되것네! 마 전봇대 마을이라꼬 그리 선전을 하모 되것네. 이것들이 마을에 머를 좋거로 해준다 카더마는 망치놓을라꼬 작정을 했는갑다. 마을에 전봇대만 심어봐라. 가마이 있웅께나 주민들을 가마때기로 아는가 본데 낼 당장 시장실에 쫓아갈끼다!"

그래서는 안 되는 이유에 대한 차분한 설명 같은 거는 애당초 없었다. 일단 욕을 바가지로 얻어먹은 업체는 순순히 물러났고 지하매설 공사를 하기로 얼른 설계를 변경해왔다.

연대도는 칠천 년 전 신석기 시대 패총 발굴지로 유명하다. 조개무지로 이루어진 무덤에서 다양한 토기와 인골이 발견되기도 했다. 수달의 이빨로 만든 목걸이와 발찌를 찬 멋쟁이 젊은 남자는 추장이었을 것이다. 발굴된 인골의 탄소연대 측정결과 남방계라는 논문이 나왔다. 이장은 작은 키에 바짝 야윈 몸매, 눈빛은 당당하고 날카롭게 살아 있는 외모다. 피부톤은 국적을 의심할 정도로 까무잡잡하다. 어느 날 이장과 이야기를 하다가 "혹시… 원주민일지도…"라고 했다가 난리 벼락을 맞았다. 조부가 섬에 살러 들어온 것일 뿐 절대로 까만색의 원주민이 아니라는 항변 앞에 진땀 흘리며 "농담입니다"를 연발해야만 했다.

이장은 아침부터 저녁까지 공사 감독을 자청하여 몹시 바빴다. 발전소 부지 조성 공사장에 나타나서 산에서 내려오는 빗물 유도 시설 폭이 좁다고 고래고래 소리를 질러서 인부들과 현장소장을 들었다 났다 하고, 섬 일주로인 '지겟길'을 조성하는 산 중턱까지 쫓아 올라가서 큰 바위를 부수지 않고 돌아가는 길을 낸다고 욕을 퍼붓는 통에 인부들은 그가 나타나면 안색이 변했다. 비쩍 마른 몸매는 공사 기간에 더 야윈 듯했다. 성격 자체가 그랬다. 엄연한 설계도면이 있고, 현장감독도 있는데 마을대표는 그들의 의견 따위야 무참하게 무시했다. 기분 나빠서 도저히 못해먹겠다는 공사 관계자들을 만나 달래는 것도 당시 주요 임무 중 하나였다.

원래 타고난 성격이 다혈질이고 말투가 험하지만 본심은 그것이 아니라고 중재하는 것은 항상 나와 행정의 몫이었다. 현장소장은 "평생을 현장에서 일했지만 다들 서로 고맙다고 하고 그러는데 이렇게 감독 위에 감독이 있어서 군림하고 아랫사람 부리듯이 하는 꼴은 처음 본다"면서 당장 걷어치우고 나가겠다고 불만이 터져 나왔고, 인부들은 또 인부들대로 "미친놈, 우리가 저거 머슴인줄 아나! 노가다나 하고 있으니 사람이 우습게 보이나" 하고 이장 없는 데서 욕을 해댔다. 깍듯하게 인사하면서 수고하십니다, 잘 부탁합니다, 최대한 존중을 표하며 다친 마음을 다독이는 일도 순전히 내 몫이었다. 이장을 만날 때마다 "이장님 제발 말씀을 좀 좋게 부드럽게 해주이소. 욕 하시고 그라모 안되예. 저분들도 다들 남의 집 귀한 아들이고 자식 아입니까" 이야기하며 양쪽에서 진땀 꽤나 흘렸다. 마을 일, 참 별일을 다 해야 하는구나 한숨이 절로 나왔다. '에휴, 전생에 내가 마을에 불을 지른 게야! 그렇지 않고서야 이럴 수 없어' 푸념도 종종 했다.

그래도 그가 있어 일이 착착 진행되었다는 점은 부인할 수가 없다. 다른 단점은 별로 없었다. 추진력 하나는 끝내줬다. 성질이 급하니 일을 미루어두고 보는 성격이 아니었다. 욕설이 접두사와 접미사로 버무려진 특유의 표현이 처음에는 불쾌하기 그지없어 자꾸만 뒷걸음질을 치게 되었는데 자꾸 듣다보니 어느새 익숙해졌다. 필체가 좋고 노래를 잘하고 언변이 좋은 최뿔따구 이장, 마구마구 내지를 때는 정나미가 뚝 떨어지지만 한 달만 안 봐도 은근히 보고 싶어지는 매력이 있는 분이다. 나중에는 '귀여우시다'는 생각마저 들었다. 소탈한 아름다움이 있으나 가까이 하기엔 가시가 너무 많은 엉겅퀴를 닮았다. 이장님을 필두로 연대도 마을 만들기 과정 모든 단계에는 이처럼 꽃 같은 마을 사람들의 이야기가 녹아 있다.

11　누리장나무
　　전씨 아저씨

　　에코아일랜드 조성 사업의 여러 가지 세부 프로그램 중 세 번째 단계
는 마을회관 증개축이었다. 삐거덕거리는 출입문, 황소바람이 들이닥치는
있으나마나한 창문, 차가운 시멘트 바닥과 녹슨 의자들로 채워진 오래된
마을회관이었다. 석유 화석 연료를 전혀 사용하지 않는 '패시브하우스'로
가자는 다소 과감한 계획을 세웠다. 마을회관이라는 공공성, 다중 이용 공
간을 통해 신재생 에너지를 체감하는 시설로 가보자는 생각이었다.

　　언제나 그렇듯이 설명회 자리에서 또 한바탕 난리가 났다.

　　"석유지름도 안 땐다? 까수도 안 땐다? 그라모 나무라도 때야 방구석
이 따땃할 거 아인가베. 그런데 아무 것도 안 때고 머를 우짠다꼬? 아이구
야, 절마 저거 사기꾼 아이가?"

　　"그기 아이고예, 패시브하우스라는 방식이고 석유 화석 에너지를 전
혀 쓰지 않고도 충분히 따뜻하고 시원하게 할 수 있는 공법이 있어예. 독일
이라는 나라에서 많이들 사용하는 기술입니더. 너무 걱정하지 마시고 한번
믿어보이소. 설마 어무이 아부지들 모이는 공간을 제가 춥고 덥게 만들기
야 하겠습니까?"

　　"내가 이날 평생을 살아도 첨 듣는 이바구다. 그기 말이나 되는 소리
가? 마을회관을 죄 잡아 뜯어놓고 난중에 짓니, 몬 짓니, 용천을 할끼구마
는! 내 말이 틀림 없을끼다. 손가락에 장을 지진다. 내가 이날 이때까지 삼
서로 저리 건물로 짓는다는 거는 들도 보도 몬했다! 난중에 칩어서 회의도
몬하고 얼어 죽을지도 모린다."

　　그러나 결국은 아무도 장을 지지는 사람은 없었다. 한번도 본 적이 없
는 공법이나 기술은 동네 주민들에게 거의 사기나 다름없는 황당한 논리일

뿐이었다. 그래도 일단 믿고 기다려보시라는 말로 대충 수습하고 공사를 시작하였다. 집집마다 공법에 대한 자세한 안내문도 돌렸지만 '흥! 두고 보자' 이런 분위기였다.

마을 입구에 있는 마을회관이라 오가는 사람들의 말참견은 공사 기간 내내 인부들을 괴롭히기에 충분했다. 시시비비를 거는 주민들로 인해 현장소장은 "이런 곳 처음 본다"고 혀를 내둘렀고 일하는 인부들도 불만이 쌓여만 갔다. 주민들은 각자 하루에 한마디씩만 거들었다 하더라도 오가면서 다들 한두 마디씩 묻고 거드니 현장에서 일하는 사람 입장에서는 열 마디, 스무 마디씩 끊임없이 말을 듣는 것과 같았다.

국내에서도 사례가 드문, 특히 경상남도 내에서는 처음으로 시도하는 공법이라 공개 입찰로 선정한 업자는 처음부터 난색을 표했다. 건축사협회에서 소개받은 건축사는 서울의 젊은 건축사, 삼간일목의 권현효 씨다. 생긴 모습도 딱 모범생인 그는 서울에서 통영 연대도까지 일주일에 한 번씩 왕래하는 집중력과 성의를 보이며 상주 감리를 자청했다. 하지만 시공을 맡은 현장 업자는 대략난감이었다. 자재 구입이 힘들어서 공사 진척이 늦었다. 더군다나 일일이 바지선으로 섬까지 운반해야 하는 수고가 한 몫 더했다. 한 공정, 공정마다 건축사의 지도 아래 시공을 진행해야 하는 경우가 허다했다. 시멘트와 콘크리트로 뚝딱 지어질 줄 알았던 공사가 두 달, 석달 계속되자 드디어 말들이 무성하게, 절제 없이 튀어나오기 시작했다.

"그 봐라. 내가 안 된다 안 카더나! 그런 공법은 애당초 없는기라! 일이 안 된께나 저리 시간만 까묵고 인건비만 날라가고 건물은 안 올라간다 아이가! 마, 치아뿌라! 돈 도라. 우리가 짓거로!"

"할매들이 갱노당이 없어서 칩은데, 저래 바겥에서 떨고 있는데 집은 도대체 언제나 완공될끼고? 참 환장하것네, 환장하것어!"

비아냥과 비난의 욕설이 끊이지가 않았다. 추운 겨울날 깡통에 피워놓은 불을 쪼이며 그저 고스란히 듣고만 있었다. 속에서 울화통이 끓고 있었으나 나이든 어른들이라 내색도 못했다. 하여튼 말씀들 참 함부로 하신다, 저리 늙지 말아야겠다, 속으로만 말대꾸를 연신 해대며 귀 막고 눈먼 시늉을 하는 시간이었다.

감리가 잠시 자리를 비우면 인부들은 '대충 까이꺼' 시공을 했다. 고성능 단열 재료가 모자랐는지 일반 스티로폼으로 대충 붙였다가 감리가 내려와 꼼꼼히 살펴보고 다시 뜯어내는 일도 있었다. 꼼꼼하고 성실한 시공이 마무리되자 적합 실험에 들어갔다. 삼중 시스템 유리창은 아르곤 가스를 주입한 고기밀 창호를 사용했다. 바닥과 지붕, 벽체는 40cm가 넘는 두께였다. 이어서 틈새, 창문, 이음새, 전선 유입구 등에서 단 한 점의 바람도 새지 못하도록 기밀 테이프로 시공한 후, 철저한 단열 검사가 두 차례나 이어졌다. 마지막으로 열화상 카메라까지 통과하였다. 결과는 합격! 패시브 하우스의 기준을 충분히 만족하는 시험 결과가 나왔다. 일에 있어서 프로 정신이 남다른 실로 존경스러운 건축사였다.

"이야, 집이 희한하거로 아래 우게가 골고루 따시네! 문을 열고 딱 들어서이 후끈하네 후끈해. 그라고 바거테 저리 바람이 부는데 방안에 외풍이 없네 외풍이. 우찌 이런 일이 있을 수 있을꼬. 참 좋은 세상이다!"

마을회관 개소식날, 시장님을 초대해서 동네잔치를 열었다. 장구도 치고 꽹과리도 치고 물양장에는 만국기가 내걸렸다. 할머니들도 모두 나와서 흰 바탕에 컬러 문양이 단정하게 칠해진 마을회관과 경로당을 둘러보며 "참 좋다, 참 좋다"를 반복했다. 그동안 심심하면 비난과 욕설, 비아냥거림을 쏟아내던 몇몇 사람들은 언제 그랬냐는 듯이 잊어버린 표정이었다.

언제나 그런 식이었다. 태양광발전소가 뜨거워서 싫다고 고래고래 소리 지르던 전씨 아저씨. 돈 꽤나 있는 동네 유지인 탓에 주민들도 앞에서는 대거리를 못 하는 모양이었다. 태양광발전소를 건설하겠다는 설명회 자리에서 그는 "태양광발전기를 잘 아는데 가까이 가면 뜨거워서 등이 후끈 후끈하고, 또 햇빛이 반사돼 눈이 부셔서 눈알이 빠질라고 한다"고 주장해서 주민들을 격앙시켰다. 그게 아니라고 설명이라도 덧붙일라치면 그렇지 않아도 좋지 않은 인상을 팍, 구기면서 "마, 안돼요! 안돼니까 그런 줄 아소!"라고 윽박지르듯이 내뱉고는 자리를 박차고 일어나는 것이었다. 아무것도 모르는 주민들은 "정말인가 보다. 안되겠는데!" 하는 분위기였다.

환장할 노릇이었다. 결국 비용을 마련해서 주민들과 관광을 빙자한 선진지 답사를 떠났고 오는 길에 국내 첫 시민햇빛발전소인 부안을 방문해서 모두들 태양광발전기 앞에 섰다. 주민 한 사람이 말했다.

"안 뜨겁네. 가자!"

그 한마디를 듣기 위해서 4백만 원이 넘는 비용이 깨졌다. 등이 후끈 거린다고 화를 내던 전씨 아저씨가 사과라도 한마디 할 줄 알았는데 전혀 개의치 않는 표정이다. 오히려 "여행 간다고 꼬아놓고 이런 촌구석에는 뭐 할라고 데려왔느냐"고 짜증을 부렸고 화를 냈다. 워낙에 틀린 소리를 참고 넘기지 못하는 못된 성질임에도 주민들의 이런저런 괴상한 논리에는 제대로 대들지 못해서 그간 마음이 많이 상했다. 위염도 재발해서 애를 먹었다.

누리장나무는 누린내나무라고 부르기도 한다. 해변가에서 볼 수 있는 키 작은 나무인데 늦여름 피는 꽃과 늦가을에 익는 청보라색 열매는 정말 예쁘다. 만지지만 않으면 오래 기억하지도 못할만큼 수수한 나무지만 만지면 잊을 수 없는 냄새가 난다. 딱 그만큼의 거리에서 바라보기만 하는 것이 더 좋은 관계도 있는 법이다.

만국기가 휘날리고 풍악소리 쟁쟁거리는 좋은 날, 그동안 들었던 욕설의 무게가 새삼 되살아나서 사회를 보는데 잠시 울컥했다. 일을 추진해야 하므로 겉으로는 언제나 친절했지만 돌아서서는 속으로 욕도 많이 했다. 무식하고 용감하면 못쓰는 법이라고 중얼거리다가도 이해해야지, 젊은 내가 이해해야지 하면서도 속이 시커멓게 타들어가는 일이 많았다. 왜 속 좁게 그때그때 털어버리지 못하고 자꾸 쌓아두는가 하는 자책 또한 우물처럼 깊은 날들이었다.

마을회관의 1층 벽에는 그동안 마을을 들락거리면서 알게 모르게 찍어온 주민들의 사진으로 커다란 액자를 만들어 붙였다. 저마다 자신의 얼굴을 찾으며 "언제 찍었더노?" 즐거워하는 모습이 보기 좋았다. 2층은 주민 교육장이자, 방문자들을 위한 비지터센터로 사용할 공간이므로 한 벽은 패시브하우스에 대해 자세하게 설명하는 액자, 또 다른 벽은 연대도에서 자라는 식생과 조간대의 해양생물 사진으로 채웠다. 나중에 답사 차 마을에 들린 여행객 중에는 어딘가에 석유통이 숨겨져 있을 거라고 건물을 빙빙 돌면서 조사하는 사람도 있었다. 패시브하우스는 다행히 한두 번의 고장을 제외하고는 잘 돌아가고 있다. 지열을 끌어들이는 150m 깊이의 두 개의 관과 열교환 환기 시스템, 태양광으로 생산한 전기를 이용해 움직이는 히터펌프 덕에 여름에 시원하고 겨울에는 따뜻하다. 석유도 한 방울 안 나는 우리나라, 특히 공공건물에서는 적극 도입해야 할 착한 기술임에 틀림없다.

12

노란민들레 손재희

연대마을 여인들은 늙으나 젊으나 손맛이 좋다. 반갑다고 등짝을 후려 치는 손맛도 맵지만 무엇보다 음식 맛이 아주 그만이다. 누가 경상도 음식을 맛없다고 했는가. 연대도는 김치며 모든 반찬이 감칠맛 나게, 집집마다 서로 특색 있게 달고 맛있다. 당연히 남정네들의 입맛도 예민하다. 시내 나가면 먹을 게 없고, 음식깨나 한다는 전라도 정식 앞에서도 기어이 한마디하고야 만다.

"가짓수는 우라지게 많건마는 게미(음식의 깊은 맛)가 없다!"

마을의 왈가닥 아지매 중 한 사람 손재희 여사는 멀리 강화도에서 시 집왔다. 착하고 고운 시어머니와 다소 까칠한 신랑이랑 함께 산다. '수투레 수'로 가끔 낮술을 즐기기도 하지만 마음만은 한정 없이 좋다. 특히 삼치가 잡히는 초가을날 골목길에서 펼쳐진 술자리 풍경에서 그가 만든 삼치용 소스는 비길 데 없이 멋진 맛이다. 집 된장과 간장, 잘게 다진 파와 고춧가루, 매실액과 겨자가 한데 섞인 특제 소스는 살 많은 생선의 비린내를 한순간에 잡고 육질은 더욱 맛있게 만드는 비법이다.

손재희 여사는 마을 앞 바다에서 가두리 어장을 운영하느라 괴기 밥 주랴, 영감 챙기랴 한시도 가만히 있지 못하는 강도 높은 노동을 하는 노동 자다. 체구는 작은데 목소리가 매우 크다. 동네 사람들 모두가 대부분 커다 란 목소리를 가졌지만 그중에도 유독 커서 그가 학교 식당에서 밥을 하는 당번인 날이면 먹는 손님들도 듣는 우리들도 모두 유쾌하다. 말솜씨도 있 어서 사람을 끄는 매력이 있다. 다만 가까이서 얘기하면 자꾸 뒷걸음질을 치게 되므로 목소리 크기만 조금 더 낮아졌으면 하는 바람은 늘 있다.

2012년에는 마을주민들과 함께 공부하기로 하고 '연대 주민대학'의 문을 열었다. 첫 수업 '우리 마을의 자생식물로 차 만들기'를 시작으로 지구촌 에너지 이야기, 유기농법으로 농사짓기 등등의 강좌가 이어졌다. 그 중 한 과목은 '내가 마을 해설사'였다. 누구보다 마을의 유래나 삶에 대해 잘 아는 주민 몇 사람을 선택해서 마을을 찾는 손님에게 안내하고 설명하는 인력을 창출하는 것이 목표였다. 수업은 실습으로 이어졌다. 한 사람씩 일어나 동네 자랑을 해보자는 제안에 미리 웃음보가 터졌다. 자랑할 것이 없어서 못한다는 사람, "에, 또 우리 마을은 그 머시더라…" 말을 잇지 못해서 중간에 그만두는 사람, 사람들 앞에 서 본 적이 없는 터라 쑥스러움에 온 몸을 배배꼬는 아지매 등 마을 교육장이자 비지터센터인 마을회관 2층은 순식간에 웃음바다가 되었다. 손재희 여사가 일어섰다. 특유의 수다를 섞어서 설명을 재미있게 잘했다. 그러나 다음 날 집으로 찾아가니 그는 못한다고 손사래를 쳤다. 각시가 남 앞에 나서는 것을 아저씨가 죽어라 싫어해서 손님들이 와도 안내 같은 것은 못 한다고 했다. 저녁에 아저씨를 만나 설득하려다가 실패했다. 버럭 화를 내는 바람에 본전도 못 건지고 잽싸게 철수할 수밖에 없었다.

마을에는 다른 마을과 마찬가지로 집집마다 주소와 이름을 새긴 문패가 있다. 그 옆에 섬 모양으로 만든 조그만 나무 간판이 나란히 붙어있다. 스토리텔링 문패다. 그동안 주민들을 유심히 살피고 이야기를 나누면서 나름대로 메모를 해둔 내용을 간략히 정리해 적었다.

'연대도에서 이장직을 가장 많이 맡으심. 화초를 좋아하시고, 흑염소를 키우고 계십니다. 아내 김수연 여사와 열아홉에 결혼하셨음.'

'노총각 어부가 혼자 사는 집. 화초를 좋아해서 목부작을 잘 만드는 이상동 어촌계장님이 사는 집입니다. 말이 없어서 답답하긴 해도 사람 좋은 집.'

이런 식으로 집집마다 안내판을 새겨 내걸었다. 주민들이 먼저 재미있어했다. 화투면 화투, 훌라면 훌라, 윷놀이면 윷놀이 모든 면에서 탁월한 재주를 보이는 집에는 그렇다고 썼다. 회를 기가 막히게 장만하는 솜씨 좋은 집주인이 있는 집에는 그 내용을 담았다.

　　사람들이 가끔 찾아와 동네 골목을 거닐면서 마을 구경을 하지만 본의 아니게 문 닫힌 대문은 완강한 외면의 표시처럼 읽히기도 하고, 반기는 이 하나 없는 쓸쓸한 섬마을은 방문객들에게 인사가 아니다 싶어서 직접 만든 소박한 아이디어다. 문패를 읽으면서 집주인과 직접 만나지는 못했지만 누가 살고 있는지 알게 되고, 일일이 맞지는 못하지만 따뜻한 환대로 친근감이 있으라고 만들었는데 뜻밖에 오가는 사람들 모두 즐거워한다. 여기저기서 벤치마킹도 했다고 한다. 사사건건 너무나 얄밉게 구는 할머니 한 분이 있어 그 집에는 안 붙였더니 다음날 마주치자마자 왜 우리 집만 그거를 안 붙였냐고 난리를 치셔서 냉큼 만들어서 붙였다. 딱히 할 말도 없어서 대충 썼다.

길을 정비하고, 건물을 세우고,
태양광발전소를 짓는 등의 일은
사람들의 마음을 여는 일에 비하면
그다지 힘든 일이 아니다.

마을 만들기의 중심은 언제나 마을
사람들이다. 마을 사람들과 제대로
소통하지 못하면 마을 일은 온전히
자리를 잡을 수 없다. 그러나 진심을
다하면 또 그만큼 돌아오는 것이
마을 사람들과의 관계다.

에코아일랜드 연대도

13

장다리꽃 하향섭, 김혜원

마을 만들기, 혹은 마을 재생사업을 함에 있어 가장 중요한 조력자는 부인들이다. 남정네들이 대표를 맡아 설치는 동네치고 잘되는 곳을 보지 못했다. 아이를 낳고 기른 어머니들, 노부모를 모시고, 철없는 남편을 안고 사는 여성들이 함께 어우러진 마을 만들기는 대개 성공한다. 부정이라든가 부패가 전혀 없고, 작은 일이라도 오순도순 의논하는 여성성이 뒷받침하기 때문이다. 연대도가 에코아일랜드로 순항하기까지 마을 여성들의 보이지 않는 공로가 컸다. 마을 남정네들은 거의가 누군가의 남편인데 밖에서는 큰소리를 치고 살아도 보통 환갑을 기준으로 집안에서는 아내에게 진다. 연대도의 부부들은 여타 마을에 비해 유난히 사이가 좋다. 심지어 반말을 하지 않고 '하소, 오이소' 하는 존댓말을 쓰는 부부도 있다. 일이 고되고 술도 많이 마시는 섬마을에서 찾아보기 힘든 문화다. 손을 꼭 잡고 산책길에 나서기도 하고 밥을 떠먹여 주기도 한다. 다소 닭살 돋는 일이지만 보기엔 참 좋다. 여자들은 남정네들한테 큰소리를 내는 일이 드물다. 대단히 순종적이고, 따라서 부부싸움도 거의 없다.

마을회의를 할 때 남자들만 모인다는 사실이 처음에는 적잖이 충격이었다. 나이든 이장은 "당연히 여자들이 어디 회의에 끼느냐"고 반문해서 나를 기절 직전까지 몰고 갔다. 지금도 고쳐지지 않는 나쁜 문화지만 그것도 엄연한 마을 문화다. 그들 스스로 깨칠 때 깨치더라도 섣불리 외부에서 온 마을 활동가가 간섭하는 것은 자칫 욕만 바가지로 얻어먹을 수 있는 넘치는 행동이므로 유의해야 한다. 회의를 지켜보다가 끄응 하고 몇 번이나 참았다. 마을은 작은 살림이다. 살림 전문가인 아줌마들이 나서면 척척 손발이 맞고 일이 유순하게 돌아간다. 그런데 이 마을에서는 회의조차 나오

지 못하니 회의 결과나 진행 과정의 정보가 잘못 전달되기 십상이다. 마을
회관에서 집까지 가는 중간에 가진 회의 뒤풀이 술자리로 인하여 정보는
오작동 되기 일쑤였다.

묵정밭을 빌려서 꽃밭을 만드는 일을 시작하자 부녀회원들이 삼삼오
오 모여서 용돈벌이 삼아 공공근로를 시작하였다. 전날 마을회관에서 있었
던 회의 결과를 다시 여기에서 보고해야 하는 것이다. 소통은 문서나 마이
크가 일방통행으로 하는 것이 아니다. 사실은 발이 한다. 발품만이 진정한
소통이다.

지난 밤 회의 때 시끄러웠던 문제들이 이 자리에서는 순순히 넘어간
다. '그거는 이리하모 되고, 그거는 그리하모 안 되제'로 간단하게 정리되
는 경우가 많다. 그런데 남자들 여럿이 모이면 누구 목소리가 더 큰가 하는
경진대회가 벌어지고, 남의 말을 몇 초 이상 들어주는 것은 죄악이라도 되
는 듯 말을 가로채니 말이 말을 타고 넘어가다가 엎어지고 또 뒷말이 올라
타니 목소리는 더 커지고 아수라장이 되는 것이다.

주제는 온데간데없어지고 "니 아까 머라캤노", "아따 시발 내 말이 틀
렸소", "뭣이라 이기 어데서 버릇떼기 없이 덤비노", "아따 행님도 그기 아
이고 내 말 좀 들어보소", "시끄럽다, 고마! 니 소리 들어보나마나 빤하지"
이런 식으로 진행되기 일쑤였다.

밭 자락에 앉아서 연신 잡초를 뽑아내는 호미질과 함께 도란도란 이야
기를 나눈다.

"마을회관 새로 짓고, 꽃밭 맹글어서 꽃도 피고, 우리도 난생처음 취
직이란 거를 해서 월급도 받고, 태양광도 들어와서 전기세도 내려가고 참
좋다. 인제 다음 순서는 머꼬?"

"다음 순서는 폐교를 리모델링해서 캠프장과 숙박시설로 만들어서 마
을에서 돈을 버는 일입니다. 어제 그것 때문에 회의를 했는데 결론이 없어

요. 유난히 감정이 격앙되던데 각자 다른 무슨 생각들이 있는 거지요?"

"있제, 있어. 노인들은 학교를 마을에서 샀으니 산 값보다 좀 비싸게 팔아묵자는 의견일끼고, 마을의 앞날을 생각하는 젊은 층에서는 팔아묵지 말자는 의견이 많지."

"아, 그렇구나. 그래서 그렇게 시끄러웠네요. 그럼 앞으로 우짜모 되겠습니까? 답답하네예."

"의논을 잘 맞추봐야지, 의논해서 안 될 일이 있겠나?"

"아저씨들한테 말씀 좀 잘 해주이소. 학교를 팔아 묵으면 안 되지예."

"넌지시 물어보기나 하꾸마. 그나저나 마을 일에 맨날 쫓아댕기고 고생이 많제?"

이런 식으로 솔직하고 근본적인 이야기가 오갔다. 결국 얼마 후 '폐교를 팔아먹자, 말자'는 의제로 마을회의가 열려 장시간의 설전과 투표 끝에 '당분간'이라도 팔지 않는 것으로 하고 일단 운영해 본다는 결론이 나기까지 현명한 마을 여성들의 베갯머리송사 덕이 컸다.

섬 출장이 삼백 번을 넘기는 사이, 동네 아지매들하고도 제법 친해져서 아무 집에나 가서 밥 좀 달라고 할 정도의 사이가 되었다. 제삿날이 걸리면 주민들 속에 섞여 앉아 제삿밥과 나물을 얻어먹는 일도 자연스러워졌다. 할머니들은 고샅에 앉아서 온종일 깐 마늘을 비닐봉지에 싸서 건네주기도 했고 마을 언니들은 마을에 쫓아다니느라 신랑 밥도 몬 해주겠다며 젓갈이며 맛난 밑반찬도 싸주었다.

하향섭 여사는 제주 추자도가 고향인 해녀. 젊은 아가씨 시절 물질하러 왔다가 지금의 남편을 만나 결혼하고 눌러앉았다고 한다. 건강하고 건장한 체격에 키가 훌쩍 커서 동네에서는 '키다리 언니'로 불린다. "키달아, 키다리 어데 갔노?" 그렇게들 부른다. 음식 솜씨가 아주 좋고 심성은 더 좋다. 짝지는 김혜원 여사다. 다부진 체격에 귀염성 있는 얼굴인데 웬만

한 남자는 번쩍 들어올릴 정도로 힘이 장사라고 한다. 무엇보다 동작이 재빨라서 동에 번쩍 서에 번쩍 부지런을 떤다. 겉으로는 왈왈거려도 은근히 쑥스러움도 많은 혜원 씨는 남편 임중호 씨와도 부부애가 각별하다. 집에 세탁기가 없는데 돈이 없어서 안 사느냐, 중고라도 하나 연결해줄까 하고 물었더니 '필요 없다'는데 곁에서 향섭 언니가 거든다.

"그 집에는 세탁기가 아예 필요 없어. 신랑이 세탁기 아니가! 솥뚜껑만한 커다란 손으로 이불 빨래는 물론이고 심지어 각시 빤스까지 깨끗하게 빨아가이고 햇볕에 쨍쨍 말라서 걷어놓는데 무슨 세탁기가 필요할끼고?"

아저씨는 잘생긴 미남에 착실한 어부다. 각시 혜원 씨랑 나란히 배를 타고 나가서 작업을 하기도 하고 혼자 나가기도 하는데, 혼자 가는 날이면 각시는 배 엔진 소리만으로 골목에서 달려 나간다. 작업에서 돌아오는 신랑을 맞으러 새색시처럼 밝은 얼굴로 나서는 모습, 참 고왔다.

향섭 씨와 혜원 씨는 소녀들처럼 둘이 늘 붙어 다닌다. 물이 나면 호미 들고 바구니 끼고 나란히 바닷가로 가고, 물이 들면 산으로 들로 나물 캐러 다니는 것도 둘이다. 나이가 몇 살 많은 향섭 씨를 혜원 씨는 친언니처럼 따른다. 좀 친해지자 호칭이 서먹했던 터라 나도 언니라고 불렀다. 마을에서 주민들을 대할 때 호칭이 늘 문제였다. 남자들에게 '씨'를 붙이는 것도 그렇고 '선생님'이라고 하면 거리감을 가져 내빼기 십상이다. 여자들도 마찬가지로 어렵다. 그래서 통일한 것이 나이가 칠십이 넘었으면 모조리 아부지, 어머니, 그보다 적으면 언니나 오빠로 통일하기로 나름 결심했다. 언니는 잘 되는데 '오빠'라는 말은 도무지 잘 나오지 않았다. 암튼 향섭 씨와 혜원 씨도 어느 날부터 언니라고 부르기 시작했다. 두 사람도 친동생처럼 살갑게 대해주어서 섬에 가는 길이 더 설레었다. 훗날 무슨 일인가로 혜원 씨의 주민등록증을 보기 전까지 2년 가까이 동갑이자 생일이 늦은 '동생'인 혜원 씨를 언니로 불렀고, 엄연히 '동생'인 혜원 씨는 나를 동생처럼 대했으니 그 억울함이야 어디 하소연 할 곳도 없었다.

　　　　　　　　　　　　　　　　　　　에코아일랜드 연대도

"야, 이 가스나야! 니가 동생인데 왜 지금까지 말을 안 했노?"

"아이쿠, 나도 모리고 그란 거를 우짤끼고? 물리주까?"

꽃밭을 가꾸는 일도, 학교를 리모델링해서 운영하는 일도, 손님들을 맞고 보내는 일까지 두 사람은 조용한 마을 지도자로 충분한 역할을 했다. 언제나 야무진 일처리와 재빠른 대응으로 행정과 지원 단체를 도운 진정한 마을 일꾼들이었다. 혜원이 가시내는 지금도 가끔 언니 노릇을 한다.

14 순비기나무
이상동 행님

　이상동 행님은 연대마을에서 현존하는 가장 오래 묵은 노총각이다. 이만저만 노총각이 아니라, 낼모레가 환갑을 바라보는 나이니 사실 노총각이란 별칭이 어울리지도 않을 나이다. 그 말고도 곧 마흔을 바라보는 노총각도 있긴 하다.

　결론부터 말하자면 오늘날 에코아일랜드를 조성하는 데 가장 유력한 공을 세운 사람이 바로 그다. 행정과 지원 단체의 적극적인 협조자였으며, 마을의 불뚝 성질을 묵언수행으로 감당함으로써 차곡차곡 신뢰를 쌓아온 실질적인 리더다. 처음 설명회 당시에도, 이후 주민 교육과 선진지 답사, 수차례의 회의에서도 큰소리는커녕 작은 소리도 내지 않은 고요한 사람이다. 폐교의 실질적인 주인인 마을 어촌계의 대표로써 주민들의 의견을 듣고 차분히 결정하고 행정과의 관계를 수월하게 끌어내는 역할을 다했다.

　어릴 적 고향을 떠났다가 마흔이 다 되어 다시 돌아오기까지 중소기업, 대기업 등에서 일했다 한다. 대처의 직장생활 덕분에 우선 말귀가 밝았고 사리판단이 분명했다. 직업은 어부다. 사실 섬마을에서 다른 직업이 있을 수도 없다. 마을의 실질적인 대표자인 이장, 어촌계장, 새마을지도자, 감사, 부녀회장 중에서도 말이 잘 통하는 사람이어서 행정도, 지원 단체인 우리도 처음부터 마을 만들기 사업 파트너로 인식을 같이 했다. 문제는 말이 없다는 것이었다. 긴 회의시간에도 토론자리에서도, 일부러 찾아가서 뭔가를 의논할 때 눈을 꿈벅거리며 듣기만 할 뿐, 도무지 고요하였다. 어쩌다 주민들과 어울려 술이라도 한두 잔 들어가야 겨우 몇 마디 거들뿐이었다.

　그러나 말이 많은 것보다 적은 편이 언제나 낫다. 일단 묵직한 언행으

　　　　　　　　　　　에코아일랜드 연대도

로 서로 간에 신뢰가 구축된다. 앞서는 말 몇 마디보다는 행동으로 차분하게 이끌어 나갔다. 어느 날, 이장이 나오는 대로 불평불만을 마구 내뱉어 오장육부를 뒤집어 놓으면 그에게로 가서 하소연 겸 비난을 해댔다. "뭐 그런 사람이 다 있습니까. 정말 속상해서 못 들어 주겠더라고요!" 불만의 수위가 경계선 가까이 올라가면 한마디 정도 했다.

"어허!"

주민들이 그토록 숨겨왔던 그것, 폐교의 재활용에 대한 논의가 2년을 넘기고 있었다. 그동안 순서대로 차근차근 몇 가지 사업을 진행해왔지만 정작 가장 중요한 장소는 폐교였다. 기후 변화에 대응하는 현명한 자세, 에코아일랜드를 표방하며 탄소제로 섬으로 지속가능성을 제시해보겠다는 프로젝트 주제는 아름다울 수 있으나 결국 주민들 손으로 운영이 되지 않으면 아무 소용이 없는 것,

정작 주민들은 작금의 지구 환경에 큰 위해를 끼치는 삶을 산 것도 아닌데, 오히려 개인당 탄소발자국 발생량을 따지면 도시인들에 비해 월등히 훌륭한 삶의 형태를 가지고 있는데 왜 앞장서서 실천하고 불편을 감수해야 하는가. 이를 설득하기는 사실 매우 어렵다. 순간 이해는 되겠지만 삶 속의 지속성을 유지하기 위해서는 다른 방식의 복선이 필요하다. 이런 친환경적인 삶이 결국 자신들에게도 현실적인 이득이라는 것을 증명해낼 때 비로소 지속이 가능한 것이다.

그런 점에서 폐교가 된 조양분교 터는 동력의 거점이 될 수 있는 곳이었다. 특히나 사전 조사에서 연대도를 에코아일랜드 조성 대상지 후보 중 일순위로 선택한 것은 마을 주민들이 폐교를 사서 소유권을 가지고 있다는 사실이 결정적 이유였다.

섬마다 학교가 있었다. 작은 섬에는 두 칸짜리, 조금 큰 섬에는 꽤 큰

초등학교가 있었다. 가난에 찌들었을망정 아이들이 까막눈이라도 뜨게 해 주고픈 섬의 부모들은 땅을 기부하고 모래와 자갈을 이고 지고 날라서 학교를 짓는 데 몸과 마음을 다해 힘을 보탰다. 마을의 유일한 교육기관이었던 학교는 부모들의 자랑거리요, 행정기관의 중심이기도 했다. 학교 소풍은 섬마을 주민 전체의 소풍날이었으며, 학교의 운동회는 마을 운동회였으니 학교와 섬마을은 육지와는 다른 끈끈한 혈육의 유대를 이어온 것이다. 그나마 가깝게 다니던 초등학교를 졸업한 후에는 중학교를 보내기 위해 육지로 유학을 보내야만 했다. 안 그래도 빠듯한 살림살이에 아이들을 위해 시내로 나가서 방을 얻고 두 집 살림을 한다는 것은 엄두를 내기 어려운 일이라, 겨우 서너 집의 자녀들이 그런 기회를 누렸을 뿐, 대부분 초등학교를 졸업하고 그만인 경우가 허다했다.

사람들은 점점 섬을 떠났다. 먹고 살기 힘들어서 떠나고, 아이들의 미래가 달린 학교 때문에, 몸이 아파도 병원조차 없는 탓에 맹장염에 걸려 죽는 일이 빈번한 섬 살이가 지긋지긋해서, 옆집 순이도 떠나고 뒷집 숙이도 떠났다. 더러는 고무공장이나 성냥공장의 노동자가 되기도 했고, 남의 집 살이로 돈을 벌어서 동생들을 부양하기도 했다. 그러는 사이 섬에는 떠나지 못한 노인들만 남아서 늙어가는 일밖에 할 일이 없어지자 섬조차도 고스란히 함께 쇠락하고 있다.

다른 섬과 달리 연대도의 조양분교는 마지막 졸업생 한 명이 떠날 때까지 운영되었으나 더 이상 입학생이 없자 문을 닫았다. 1945년도에 지어져 1993년까지 이어진 이 학교에서 7백 명이 넘는 동네 아이들이 졸업을 했다. 교실 네 칸과 교무실이 나란히 자리잡은 복도에는 먼지가 자욱하게 쌓여갔고 마룻바닥은 낡아서 밟을 때마다 삐걱거렸다.

분교 통폐합과 함께 매각 정책이 시작되었고 통영의 거의 모든 섬 학교가 일제히 팔려나갔다. 더러는 중소기업이 싼값에 사서 회사의 연수원

에코아일랜드 연대도

으로 사용하기도 했고, 개인이 사서 명상 수련원으로 활용하는 곳이 있는가 하면, 누군가 사두고 방치해서 억새와 쑥, 칡덩굴이 우거진 교정으로 염소들이 학교를 다니는 곳도 있었다. 수년 전 연대마을의 폐교도 매각 바람이 닥쳐왔고 우여곡절 끝에 당시의 현명한 어촌계장과 젊은 어촌계원들이 외지인에게 마을의 배움터였던 학교를 팔 수는 없다며 의견을 모아 2억 7천만 원이라는 큰 액수를 지불하고 매입해둔 상태였다. 그나마 돈이 모자라서 대출까지 얻어서 샀다고 했다. 노인층은 애당초 불만이었다. 까짓 것! 팔아버리고 돈이나 나눠주지 뭐 한다고 빚을 내서 학교를 사두느냐는 것이었다.

미친 짓이었지만 이왕 산 것이니 어쩔 수 없고, 시간이 지나면 좀 더 비싸게 팔아서 분배가 조금 더 될 수도 있다는 기대에 찬 노인들이 많았다. 특히 노인회장이 노골적으로 마음을 자주 드러냈다. 때문에 실질적인 거점이 될 학교 활용 문제는 오랜 시간 관계자들의 화약고였다.

일의 순서를 바꾸어 산책로 개설, 태양광발전소 시공, 마을회관과 노인정의 리모델링, 주민대학 운영, 선진지 견학 등의 다른 프로젝트를 먼저 시행하면서 천천히 주민들의 마음을 얻고 서서히 생각이 바뀌기를 기다렸다. 학교를 굳이 팔아먹지 않아도, 아니 그것을 팔지 않아야 된다는 생각이 점점 스며들기를 기다렸다. 완강한 고집과 혹시나 하는 기대가 날마다 교차하는 것을 자주 느꼈다.

폐교 상태에서 우선 시험적으로 여름 캠프를 실행하기로 작정했다. 교실을 말끔히 청소하고 마당에 우거진 잡초를 제거하는 데 사흘이 걸렸다. 어수룩하나마 임시로 식당 칸을 꾸미고 간이 샤워장도 만들었다. 학교 운동장 너머가 바로 모래해변이었다. 창마다 커튼도 달고 교실 책걸상을 모두 치우고 이층침대를 준비했다. '자발적 불편 체험, 진정한 여름 자연 캠프'는 성공이었다. 7월부터 8월까지 20여 개 팀이 1박 2일, 혹은 2박 3일의 일정으로 캠프에 참여했다. 손님을 맞고 청소를 하고 관리하는 사람은 이상동 어촌계장이었다. 하루에도 몇 번씩 학교로 넘어가 청소와 뒤치다꺼리를 하는 일이 힘든지 어느 날은 '힘들어서 몬해 묵것다'고 벌컥 화를 내기도 했다.

예상은 적중했다. 마을에 활기가 돌기 시작했다. 사라진 아이들이 몰려와서 잔디가 푸른 운동장을, 마을 골목을 쿵쿵쿵 뛰어다니고, 하나뿐인 구멍가게에 와서 과자를 찾고, 할머니 할아버지를 만나면 "안녕하세요" 인사가 쾌활하니 온통 이야깃거리가 그쪽으로 쏠렸다. 어른 방문객들은 마을 어부들에게 횟감를 사고, 배를 빌려 바다낚시를 했으며 오가는 여객선이 드물어 마을 어선들이 총출동하여 사람들을 부지런히 실어 날랐다. 부녀회는 식당에서 아이들의 삼시세끼를 만들어 돈을 벌었고, 필요한 된장이며 푸성귀를 보급하기 위해 동네 할머니들 텃밭 작물이 팔렸다. 남정네들은 고기도 안 잡히는 비수기에 놀기도 지겨운 때, 손님들을 배로 운송하느라 돈이 들어왔으며, 구판장 매출은 평소의 열 배가 넘었다. 더불어 마을에 몇 개 없는 민박 수요도 늘어나기 시작했다.

더 이상 미룰 시간이 없었다. 국비와 도비를 끌어다 썼으면 그에 합당한 결과물을 도출해내는 것도 우리의 당연한 의무다. 마을이장과 어촌계장을 찾아가서 상의를 했다. 곧 있을 주민회의에 안건으로 상정해 주십사 하는 부탁과 함께 모든 것을 운명에 맡기기로 했다. 주민회의 날짜가 정해지자 어깨가 돌절구를 올려놓은 듯이 무거웠다. 이상동 어촌계장은 가끔 시내에 나왔다. 어촌계장 회의도 잦았고 동기회, 친목계 등에서 시내 소식을 잘 듣는 편이었다. 동기생이나 지인들을 만나면 곧잘 연대도 소식을 묻는다고 했다.

"요새 우리 고향 연대도가 언론에 팡팡 뜨고 난리 났더라? 어느 국회의원이 그리 해주겠노? 섬 생기고 칠천 년만의 기회 아이가? 패총 발굴지가 칠천 년 됐담서? 하하하 제발 잘 좀 해봐라. 난중에 우리도 자석들 대학

보내놓고 좀 들어가거로! 그래도 니가 마을에 있으니 걱정 안 한데이!"

그러나 마음이 무겁고 걱정스럽기는 그도 마찬가지. 주민회의를 며칠 앞둔 어느 날, '시내에 나왔으니 시간되거든 술이나 한잔 하자'는 전갈이 왔다. 무슨 좋은 계획이나 있는지, 좀 더 기다리지 않고 어쩌자고 주민투표를 하자는 것인지 궁금했던 것이다.

사업 기간에 대한 설명을 하고 반응을 살폈다. 자신이 없다는 표정이었다. 하긴 마을에 노인들이 너무 많았고 특히 노인회장이 앞장서서 '팔아 묵고 그 돈으로 한약이나 지어 묵고 죽자'는 투로 여론을 이끌고 있어서 이대로 가다가는 패배가 확실했다.

"좀 도와주세요!"

"참 내. 나 혼자 돕는다꼬 될 일입니까! 어촌 계원 마흔 가구에 절반 이상을 얻어야 되는데!"

"젊은 사람들은 분위기가 어떻습니까? 솔직하게 말씀해주셔야 우리도 전략을 짜지요. 제가 보기에 열 표는 될 것 같은데요?"

"그리 쉽게 보모 안 됩니다. 젊은 사람들 중에도 겉 다리고 속 다린 사람도 있어요. 누구라고 말은 몬하지마는. 내가 볼 때는 여, 저, 그 해서 확실한 사람은 다섯 손가락 안입니다."

난리다. 이대로 가면 백전백패다. 그러면 학교를 포기한다? 그러면 아무것도 안 된다. 태양광발전소 하나, 패시브하우스 두 동을 보러 누가 그 먼 섬까지 나들이를 하겠는가? 그야말로 나랏돈을 밑 빠진 항아리에 쏟아부은 결과밖에 안 된다.

"좀 도와주세요. 제가 보기에 어촌계장님만 마음이 확실하면 승산이 있습니다. 우선 마을에서 주민들로부터 신뢰가 상당하고요. 오팔 년 개띠라 동기동창도 많으니 동네 어르신들이 다 친구 어머니 아버지 아닙니까? 만나서 차분하게 설득을 해주세요. 마을의 유일한 교육기관이었던 학교를 외지인에게 팔 수는 없다, 우리가 이제 저 학교를 활용해서 마을의 활기를 되살려보겠다. 꼭 팔아먹고 가시야 되시겠는가, 우리를 믿고 기다려 달라. 이렇게 설득하고 부탁을 해야 합니다. 혼자 가기 어려우면 이 사업을 지지하는 몇몇 젊은 분들과 함께 가서 일일이 찾아 뵙고 진심으로 말씀 드리면 어머니들은 어쩌면 동의하실 것입니다."

선거 전략의 날이었다. 때마침 시내에 나와 살던 동창생들도 합류해서 목청 높여 거들어주었다. 자신들의 부모님과 이모, 고모, 할머니께도 직접 전화를 해야겠다고 다짐했다. 뜻밖의 지지자들을 만난 나머지 이날 저녁 술값이 왕창 깨졌다. 최저생계비와 비슷한 월급의 절반이 사라졌지만 조금도 아깝지 않았다. 까짓 거, 돈이야 나중에 벌모 되고!

주민회의 날이었다. 이장은 나에게 그날은 섬에 들어오지 말라고 했다. 학교를 팔지 말자는 이 편인지, 팔아버리자는 저 편인지 도무지 속을 드러내지 않아서 그즈음 미움이 극에 달했다. 회의 사흘 전, 아무렇지도 않은 척 평소대로 일을 보고 막배를 기다리고 있는데 노인회장이 지나가다 말했다.

"윤국장, 다린 거는 몰라도 학교는 너거가 간섭하지 마라. 그거는 우리가 알아서 할끼다!"

"우리가 누군데요? 그리고 알아서 한다는 말씀은 알아서 팔아먹을 거라는 말씀이지요? 아니, 자식들이 하나도 아니고 일고여덟이 다니던 학교를 기어이 팔아먹어야 속이 시원하시겠습니까? 학교를 팔아서 그 돈으로 한약 지어먹겠다는 어른들은 아마 이 동네밖에 없을 겁니다. 노인회장님은 젊은 시절 이장도 하고 어촌계장도 하면서 마을 대표를 오랫동안 하셨다던데 참 실망입니다."

나도 모르게 평소 성격이 튀어나왔다. 평소에 늘 고분고분하던 터라 노인회장은 퍽 놀란 모양이었다. 눈이 휘둥그레져서 "니가 암만 그래사도 안 될 기"라고 쥐어박듯 한마디를 던지고는 사라졌다. 갑갑하고 분통이 터져서 배 타고 나오는 내내 눈물이 났다. 여윳돈이 좀 있으면 온 동네 노인들에게 한약을 열 재씩 지어다 주고 싶었다.

　마침내 주민회의가 있는 토요일이 왔다. 지난 며칠간의 스트레스로 인해 위염이 도져서 병원에 다녀오고도 시간이 얼마 지나지 않았다. 일도 손에 잡히지 않아서 텃밭에 앉아서 잡초를 뽑아내고 또 뽑아냈다. 경우의 수에 대비해야만 한다. 그러나 막상 어떤 대안도 떠오르지 않았다. 오전 10시부터 회의를 한다고 했는데 오후 2시가 지나도록 회의 결과를 즉시 알려주겠다던 어촌계장으로부터 연락이 없었다. 3시가 넘자 마음이 점점 불안해졌다. 필경 나쁜 일이 생겼고, 투표 결과는 실망스럽고 그러니 미안해서 전화를 못 하는 것이구나. 이 일을 어쩌면 좋노!

　오후 5시, 할 일이 없어서 일찌감치 저녁 밥상을 차렸다. 밥이 넘어가지 않아서 맥주병을 따서 큰 잔에 넘치도록 부었다. 소주도 적당히 섞었다. 신랑이 어이가 없는 듯 쳐다보고 웃었다. 마음은 이미 폭탄인데 뭘, 퍼마시고 오늘은 편하게 잠이라도 자야겠다, 내일 일은 내일 생각해야지 하는 심산이었다. '내일도 태양은 떠오를 테니까!' 영화 〈바람과 함께 사라지다〉의 대사를 읊으며 스스로를 달랬다. 혼자 마신 폭탄주 석 잔의 위력은 대단했다. 곧 효력을 발휘했는데 방향은 '더 이상은 못 참겠다'였다. 냉큼 전화기를 가져다 번호를 꽉꽉 눌렀다.

　물새 소리 찍찍거리는 컬러링이 끊어지고 그가 전화를 받았다. 주변이 시끌벅적했고 "여보시오" 하는 큰 소리가 들려왔다.

　"접니다!"

　"예에?"

　"왜 전화를 해준다고 해놓고는 지금까지 무소식입니까? 결과야 어찌 되었건 약속은 약속 아닙니까? 사람 목 빠지는 꼴을 꼭 봐야 하겠습니까?"

　나는 화가 나면 '까'체다. 부부싸움을 할 때도 그렇고 다른 일로도 화가 나면 그런다고들 한다.

"아, 예. 지가 기분이 무지 좋아 가이고 술 묵다 보이께 고마 잊아뿌릿 네예. 지송하게 됐심니다!"

"……."

"마, 걱정하지 마이소. 잘 됐심니더."

"어떻게 잘 됐는데요?"

"잘 된기모 잘 된기지, 우떻게는 모리것고예! 고마 잘 됐응께 그리 아 시고 난중에 보입시더. 이만 술 무로 가야 된께 그만 끊심니더."

그것도 농담이라고 하고 전화는 끊어졌다. 결과는 나쁘지 않은 모양이 다. 그래도 내막이 궁금해서 혜원 씨한테 전화를 걸었다. "오전에 회의하 고 점심 먹고 투표했는데 열 가구 정도가 팔자고 하고 나머지 서른 가구는 팔지 말자고 투표해서 당분간 안 팔기로 했고 리모델링 하는 데 동의했다" 는 것이다. 당분간은 또 뭔지 모르겠지만 일단 만세다. 살았다! 하느님도 무심하시지 않지, 고맙기도 하셔라! 폭탄주를 마신 기분이 폭발해서 로켓 처럼 하늘로 날아오를 듯했다.

그는 그렇게 꼭 필요한 시점에 행정과 우리를 도왔다. 아니 따지고 보 면 주민들을 도왔다. 여태껏 한마디도 안 했지만 집집마다 찾아다니며 그 어눌한 말솜씨로 어머니들을 설득했을 것이다. 친구들에게도 전화 꽤나 돌 렸을 것이다. 가장 중요한 시점인 5년간, 그는 어업에 열중하지 못하고 마 을 일을 보느라 가계에 엄청난 적자가 났다고 했다. 우리는 아예 어촌계장 댁을 현장 사무소로 이용하며 신세를 심하게 졌다. 컴퓨터와 인터넷이 있 는 유일한 집이었고, 혼자 사는 집이라 부엌에서 라면도 끓여먹고 밥도 얻 어먹으며 우르르 몰려가서 깔끔한 마당을 어지럽히기도 했다. 마을 만들 기, 마을 재생의 일은 누군가의 희생 없이는 자라지 못한다. 씨앗을 아무리 뿌려도 발아해서 성장하지 못한다. 반드시 인내와 희생, 누군가의 속 깊은 수고를 거름으로 자란다. 마을 만들기는 사람을 껴안는 일이다. 주민에 대 한 무조건적인 이해와 포용 없이는 도무지 불가능한 일이다.

마침내 폐교를 패시브하우스로 대수선 하는 증개축을 시작하였다. 마당에 지열 공사를 시작하였고 낡은 건물의 철거에 이어 본격적인 공사가 착착 진행되었다. 6개월 가까운 공사 기간 내내 그는 현장에서 이것저것 주민들을 대신해서 일을 하느라 본업인 어부 노릇을 제대로 못 해서 빚을 많이 졌다. 태양광발전소 부지를 싼값에 제공한 것도 그였다. 그럼에도 주민들이나 우리 앞에서 생색을 내는 모습을 한번도 본 적이 없다. 연대도 에코아일랜드의 숨은 일등 공신은 바닷가에 낮게 깔리면서 자라는 순비기나무처럼 은근히 아름다운 '이상동 어촌계장 오빠'였다.

　　나풀나풀 꽃양귀비 손선희

　　가끔 사람들은 묻는다. 왜 그렇게 힘든 일을 자처하느냐고. 사실 이유가 무엇인지 생각해본 적이 없었다. 그냥 하기로 했으니까 하는 것일 뿐이었다. '전생에 마을에 불이라도 질렀나 보다' 지쳐서 기운이란 기운은 다 증발해버린 듯 몸과 마음이 버석버석한 날에는 그런 생각이 들기도 했다. 하지만 분명 즐거운 일이고 보람찬 일이기는 했다. 나 자신은 하찮은 마을 활동가일지라도 행정과 손을 맞잡고 예산을 따와서 가난하고 소외된 마을에 이런 저런 프로그램을 마련하고 주민들과의 소통을 통해서 마을의 활력과 공동체의 사회적 경제를 돕는 일은 결코 하찮은 일이 아닌 것이다.

　　3년 차에 접어들자 사업은 순항하기 시작했다. 물리적인 사업들이 하나 둘 완공이 되자 주민들의 참여와 관심도 전과는 다르게 긍정적으로 변해갔다. 사주팔자에 없던 어머니, 아버지가 많이 생겼다. 할머니들은 '욕본다' 면서 텃밭 푸성귀를 비닐봉지에 넣어 손에 들려주기도 했고, 쪽파가 자라는 계절에는 그것을 나눠주기도 했다.

　　어느 날은 공사 현장에서 일을 보고 있는데 할아버지 한 분이 다가와 자꾸만 망설이고 있는 듯했다.

　　"뭐 필요한 것이 있으세요?"

　　"아니 그게 아니고……."

　　마을 사람들이 더러 현장에 와서 나무 조각을 가져가기도 했고, 쓰다 남은 못이나 철판 조각조차 섬마을에서는 요긴하게 쓸데가 있으므로 그런 것들을 가져가는 경우도 있어 재차 물었다. 막걸리 한 잔을 드리자 긴 한숨 끝에 하는 말씀이 자신의 땅을 좀 사달라는 이야기였다. 사실은 여기가 고향이지만 수년 전에 식솔들을 데리고 통영 시내로 이사를 나갔다는 것이다. 배 사업을 하고 있는데 뭔가 좀 잘못되어서 급전이 필요하나 가지고 있는 것이라고는 낡은 집터 40평뿐이라 했다. 동네 사람들은 모두 집이 있으니 전혀 필요가 없어 안 사려고 하고, 당장 경매에 넘어가면 그나마도 헐값에 넘기게 생겼다는 이야기였다.

사정은 딱하지만 난들 섬에 무슨 집이 필요하겠는가. 할아버지와 함께 가본 집은 삭아서 다 허물어진 폐허 그 자체였다. 이장님과 어촌계장님께 의논을 했더니 가능하면 좀 도와주면 좋겠단다. 한 이틀 고민 끝에 덜렁 일을 저질렀다. 천만 원이 넘는 거금을 지불하고 필요하지도 않은 집터 하나를 얻었다. 어르신은 고맙다고, 생명의 은인이라고 했지만 당장 쓸데가 없어서 묵혀두다가 1년 뒤 남편과 지인이 달려들어 재활용 건축자재를 모아다가 뚝딱거리면서 열아홉 평 정도의 조그만 집을 하나 지었다. 팔자에도 없는 별장이 생겼다. 마을 사람들 모두 모여들어 축하해주었고, 주민이 된 것을 진심으로 환영해주었다.

섬에 집이 생기자 의외로 쓸 일은 많았다. 그동안 뱃길이 끊기면 이 집 저 집 옮겨다니며 동가숙서가식하던 일이 해결되었고, 무엇보다 현장 사무실이 생겨서 아주 마음 놓고 일을 볼 수 있게 되었다. 집이 생기자 주민들도 비로소 마을 사람으로 인정을 해주는 뜻밖의 분위기였다. 섬마을에서 외부인과 주민들의 관계란 참 묘하다. 배를 타고 떠나가면 다시는 오지 않을지도 모른다는, 숱한 별리의 경험에서 오는 불신이 싹 가시고 '지가 집 놔두고 어디 가것나?' 하는 믿음이 대신 자리하는 거였다. 말하자면 든든한 보증수표 같은 것이다.

학림초등학교 조양분교였다가 폐교가 되었던 공간은 '에코체험센터'라는 전혀 새로운 모습으로 완공되었다. 연수원, 캠프장, 세미나와 워크숍을 열 수 있는 시설로 강의실과 식당까지 완벽하게 갖추었다. 그것도 운영 유지비가 거의 들지 않는 패시브하우스로 말이다. 물론 시공비가 더 비싼 건축방식이긴 하지만 마을에서 운영하는 데 한겨울 난방비나 한여름 전기

세 등 유지비가 많이 들면 안 된다. 지속이 불가능한 것이다. 마당에는 비전력 인간 동력 놀이기구가 다양하게 들어서고, 자전거 발전기로 만드는 솜사탕, 자전거 발전기로 부르는 노래방, 태양광 조리기 등을 골고루 배치하여 말 그대로 신재생에너지 체험시설장이 되었다.

개장식 전날, 주민들은 건물 안팎의 대청소를 시작했다. 남정네들은 주변 잡목을 제거하고 할머니들은 창틀을 반짝반짝 닦았다. 마침내 에코체험센터가 개장하는 날, 도지사가 참석하는 등 마을이 생긴 이래 가장 큰 행사가 열렸다. 참여 인원만 해도 3백 명은 족히 되었다. 운동장에서 운동회 날처럼 만국기가 펄럭였고 깔아놓은 멍석에서 경과보고와 인사 말씀과 감사패 전달이 있었다. 이장과 어촌계장, 행정의 담당 공무원이 감사패를 수상했다. 나는 극구 사양하여 공식 석상에서 호명되어 받지 않았는데 나중에 사무실로 배달이 하나 왔다. '마을주민 일동'이라는 문구가 박혀 있는 감사패에는 딱 한 줄이 쓰여 있었다. '그래, 니 참 욕봤다.'

에코체험센터는 당장 운영을 시작했다. 우리 사무국은 홍보를, 주민들은 관리와 운영을, 부녀회에서는 식사를 담당했다. 마침 고향으로 돌아온 삼십 대 중반의 젊은이가 있어 냉큼 사무장으로 임명했다. 식당은 로컬푸드 사용을 원칙으로 하고 MSG는 사용하지 않기로 협의했다. 센터에 묵는 손님들을 위해서 미리 다양한 양성교육 과정을 통과한 에코가이드 '바다해설사'들도 대기하고 있었다. 대안에너지와 에코아일랜드를 주제로 하는 캠프 프로그램은 여전히 인기가 좋다. 소풍의 장소로, 연수와 워크숍의 공간으로 안성맞춤인 것이다. 중간에 땡땡이를 치려고 해도 주변에 놀러갈 만한 곳이 전혀 없으니 죽으나 사나 교육장 내에 있게 되고, 해가 지면 배편이 끊어지니 중간 이탈자가 없어 프로그램 운영팀의 만족도가 높았다.

'바다해설사'들의 질 높은 수업은 생태체험학습의 새로운 장을 열고 있었다. 숲 체험, 야생화 체험, 해양생태, 조간대, 마을 탐방, 에너지 체험

수업 등 모든 것이 한 공간에서 가능하니 인기가 매우 높았고 한 번 왔던 팀은 계속해서 단골손님이 되니 봄부터 가을까지 예약이 끊이지 않았다.

에코체험센터가 생기고 무엇보다 다행스러운 것은 일거리가 많이 생겼다는 사실이다. 어촌계에서 운영하는 에코체험센터, 부녀회가 동원되어 조를 짜서 순번 대로 운영하는 학교식당, 꽃밭 매는 꽃순이들, 해변에 쓰레기를 치우는 노인 일자리 창출, 마을 사무장까지 일을 하게 되니 한가하던 마을에서 갑자기 노는 사람이 거의 없어졌다. 노인정에만 할머니들이 삼삼오오 모여서 화투놀이를 하고 있었다. 십 원짜리 화투를 치다가 더러 말다툼이 있기도 하고, 가끔씩 화투판을 엎는 일도 있었다.

쌀 한 말을 못 먹고 시집 갔다던 그 어렵던 시절에도 호미 한 자루로 갯가와 밭고랑을 누비며 자식들을 키워낸 사람들이다. 노인 한 사람이 죽으면 작은 박물관 하나가 사라지는 것과 같다고 했던가. 할머니들은 무엇을 제일 잘하시는가.

"어무이들, 오늘부터 저하고 회사를 하나 맹급시다!"

"낼 모레 생이(상여) 알티기(알맹이) 될 우리하고 무신 회사를 만든다 카노?"

"다 잘하실 수 있어예. 호미질 잘하시고 일머리들이 좋으신데 그냥저 냥 시간만 보내면 너무 아깝잖아요. 그래서 저 묵정밭을 좀 빌려볼 테니까 저하고 같이 용돈벌이나 해 보입시다."

그렇게 해서 마을기업 '할매공방'이 생겼다. 평균연령 78세로 노인정에 모이던 할머니들의 회사다. 마을기업 설립은 통영에서도 처음이었다. 마을기업 지정과 지원은 경상남도가 했다. 상품은 국화차와 국화입욕제, 민들레 뿌리를 캐고 덖어서 만든 민들레차, 마을의 특산 식물을 활용한 방풍 절임, 머위 절임, 섬쑥진액 등이었다. 어머니들은 모두 신바람이 나서 일을 했다. 잡초를 제거하고, 캐고, 씻고, 말리고, 덖는 일들이었다.

주로 연대도 에코아일랜드를 방문하는 손님들에게 팔았다. 조성 과정을 설명하다가 어느새 약장수처럼 마을기업 상품을 소개하기도 한다. 착한 방문객들이 많아서 장사는 그럭저럭 잘되었다. 어느 해인가 할머니 한 분이 장날에 가서 사온 것이 분명한 양말 두 켤레를 눈을 꿈벅거리며 살짝 건네주었다. 이른 바 '뇌물'이었는데 그냥 받았다. 지금도 전화가 가끔 온다.

"언제 올끼요? 올 때 머, 머, 머 좀 사오소!"

마을기업에서도 힘든 일은 언제나 부녀회원들 몫이었다. 힘도 장사라서 무거운 것을 번쩍번쩍 들어서 나르기도 예사로 했다. 이런 순항에는 부녀회장의 도움이 컸다. 밀양에서 시집 온 얌전한 손여사는 남편 이상도 전 이장과 여전히 아주 각별한 부부애를 자랑한다. 자식들 외지로 다 떠나보내고 텃밭 농사를 짓고 가두리 양식장을 운영하며 틈틈이 둘이 여행도 다니는 모양. 해질녘이면 신혼부부처럼 해안길을 걸으며 산책 데이트를 즐기는 모습을 자주 볼 수 있다. 일하러 들어간 날이면 우리를 불러서 자주 맛있는 밥을 지어주기도 했고 무엇보다 목소리가 작고 다정해서 말 섞기 참 좋은 사람이다.

사진ⓒ정환정

연대도에서는 다양한 체험이 가능하다.
패시브하우스로 변신한 경로당과 마을회관이
처음 사람들의 시선을 사로잡는다.
에코체험센터가 된 학교 운동장에서는
자전거 발전기로 전기를 만들어
솜사탕 기계를 돌리고
노래방 반주에 맞춰 노래를 할 수 있다.

몸으로 기억하는 즐거움은
쉽게 잊혀지지 않는다.

에코아일랜드 연대도

착한 행정의 표본
으아리꽃 김경순

2007년부터 8년째 연대도를 오가고 있다. 처음 5년간은 거의 매주 섬에 나갔지만 공간들이 완성된 후에는 주민 자율에 맡기기로 처음부터 작정한 터라, 점점 횟수를 줄이고 멀찌감치 서서 관찰을 하고 있다. 다행히도 순항 중이다. 계면쩍은 맘에 본인도 모르게 무뚝뚝하던 주민들의 말투도 많이 부들부들해졌고 식당의 순번도 잘 돌아가고 있다. 고맙고 감사한 일이다. 에코아일랜드 프로젝트는 2009년 전국지속가능발전 대상을 수상한데 이어 2012년 공간문화대상 대통령상을 수상하는 영광을 얻기도 했다. 2014년도에는 유네스코가 지정하는 '지속가능발전 교육 공식 프로젝트'로 인증받기도 했다.

드문드문 잡초 속에 스러져가던 빈집도 사라졌고, 동리를 떠났던 주민들도 서너 가구가 돌아와 집을 고치고 새로 지었다. 연대도가 좋아서 이사온 이주민도 생겼다. 팔아도 도심지 방 한 칸 얻을 돈도 안 되었던 땅값도 많이 올라서 섬에 산다고 서럽지 않을 정도가 되어 자산의 가치가 높아졌다. 환영할 일이다. 이런 일이 있기까지 일일이 열거할 수 없을 정도로 여러 사람들의 도움이 컸다. 애당초 마을 기획자 혼자서는 불가능한 일이 마을 일이다.

당초 생태섬 지원 조례를 만들어 일을 추진할 수 있도록 적극 지지한, 지금은 공무원을 정년퇴직하여 권역별 마을공동체 일을 하고 있는 박종주 담당을 기억한다. 초창기 푸른통영21 대표를 맡아 늘 지지와 격려로 잘 이끌어주었던 경상대학교 김형진 교수, 독실한 카톨릭 신자인 그는 틈 날 때마다 성당 사람들을 섬에 끌어들여 묵정밭 풀매기를 도와주었다. 푸른통영21에 소속된 위원들의 노고도 컸다. 시청 산하 위원회라고 해서 과묵한 일

을 할 줄 알고 위촉에 응했더니 '꽃밭에 풀 매자', '짐 들어나르자', '청소하
자', '꽃 심자' 힘든 막일만 시킨다고 불평도 하지만 내심 기꺼이 다 원해서
하는 걸 잘 안다.

　모든 일은 시작이 힘든 일이다. 첫 단추를 비롯한 서너 개의 단추만 잘
꿰면 대체로 순항하기 마련이다. 처음 함께 고생한 사람들의 면면을 다 호
명하기는 힘들지만 통영RCE의 변원정 국장, 연대도를 너무나 사랑했던
지금은 고인이 된 추인호 간사, 무엇보다 위관옥 당시 우리 사무차장의 말
없는 뒷받침이 일을 할 수 있도록 만들어주었다.

　많은 이들이 도움을 주었지만 무엇보다 행정의 노력이 가장 돋보인 사
업이 연대도 에코아일랜드 조성사업이 아닌가 한다. 지방의제의 추진 과정
이 행정과의 파트너십을 가장 중요한 수단으로 삼고는 있지만 그렇지 못한
곳이 더 많은 것이 사실이다. 그런 면에서 우리는 복이 많았다. 연대도 일
이 가장 어려운 시기에 김경순 담당이 발령을 받아서 왔다. 미모도 상당해
서 '미스 통영시청'이라고 부르기도 했는데 첫눈에도 영민하고 활발한 성
격이었다. 관련 예산을 집행하고 하나하나 물리적인 사업마다 그 많은 복
잡다단한 서류들, 집행 과정과 업체 공개 입찰, 심의와 계약서 전반을 책임
지는 과중한 업무 외의 일이 그에게 주어졌다. 공무원들이 싫어할 만한 '고
유 업무 외적인 일'을 자발적으로 하고 있음에도 싫다거나 귀찮다는 내색
한번 본 기억이 정말로 없다.

　돌이켜보면 둘이 참 즐겁게 일했던 것 같다. 잦은 섬 출장길에 숨이 가
쁘게 몰아쳐도 하하하, 호호호 웃음으로 서로를 위로하고 격려했다. 느닷
없이 아무 때고 "섬에 출장 갑시다"라는 제안을 했으나 한 번의 망설임을
본적이 없다. "하던 일이 급한 거라서 조금만 더 있다 가모 안 될까예" 하
면서도 결국 함께 출장길에 나섰다. 주민들의 억지나 퉁퉁거림, 자주 터져
나오는 불만이나 민원성 비난에도 "아부지이, 그라지 마시고예, 제 말 좀

들어보이소" 하면서 팔을 붙들고 애교 작렬하는 모습은 옹고집 섬 노인들의 화를 일순간에 누그러뜨리는 힘이 있었다. 민간인인 나는 오히려 그러지를 못했다. 화가 나면 입이 절로 다물어져서 바다만 바라보고 오랫동안 앉아 있을 뿐이었다. 참 열심인 공무원이었다. 언제부터인가 그녀의 진심과 성실이 통했는지 공무원이라면 소 닭 보듯 하던 섬마을 주민들도 그에게만은 각별히 대하기 시작했다. 어느 해인가, 그가 참석하지 못한 마을의 저녁 회의에서 주민들이 말했다.

"들어보이 곧 공무원들 승진철이 다가온다 카데. 김주사가 저래 열심히 일하는데 우찌 이번에 승진 안 될긴가? 윤국장 우찌 되가는지 좀 아는 기 있소?"

"지는 민간인 계약직이라 자세히는 잘 모리는데예. 20년이 다 되가니 승진 대상은 맞을 겁니다. 경쟁이 치열한 것으로 알고 있습니다만."

나도 몰랐다. 주민들이 그 다음날 너도 나도 부시장실에 전화를 걸어서 "저런 공무원이 승진돼야 될기라꼬, 을매나 일도 잘하고 야무진지 주민들이 다 감동했다꼬, 꼭 좀 잘 되도록 힘써 주시기를 당부한다"고 부탁한 사실을 아주 나중에서야 알았다. 순번이 되어서건, 일을 열심히 잘 해서건, 김경순 담당은 그리도 원하던 '계장'을 달았다. 그가 다른 섬 지역으로 발령이 나던 날, 섬 주민들은 자발적으로 주머니를 털어 따뜻한 송별회를 마련했다. 그는 인사를 하면서 몇 번 울먹거렸다. 앞으로도 오랜 시간 공직생활을 더 하게 되겠지만 주민들도 그도 연대도 마을 만들기 일은 잊지 못할 그 무엇일 테다.

그가 마을 만들기를 통해 만들어낸 가장 큰 효과는 무엇보다 일 잘하고 성실한 공무원이 훨씬 더 많다는 것을 몸소 증명해낸 일이었다. 이래저래 고마운 '갱순 씨'다.

마을 일을 계속할 수 있는 힘은 사람에게서 얻는다. 가끔 얄미운 사람도 있지만 좋은 사람들이 훨씬 더 많다. 기대치를 완전히 버리고 감동을 받을 준비가 되어 있는 한 마을 일은 스스로의 행복지수를 서서히, 그리고 충분히 높인다. 착한 행정의 표본, 김경순 계장. 초여름 들판과 산기슭에 하얗게 피어서 땀내 나는 농부의 옷섶을 은은한 향기로 채워주는 으아리꽃을 닮았다.

17 마을 사무장과
초록 선생님들

4년이 흐르자 물리적인 사업은 만지도와 연결하는 출렁다리만 남겨두고 대부분 완료되었다. 주민 교육과 운영에 관한 현실이 닥쳐왔다. 손님들의 방문이 계속 이어졌다. 운영하는 과정에서 더러 실수도 있었고 우왕좌왕했지만 주민들은 점점 빠르게 적응해나갔다. 손님들이 점점 늘고 있다. 폐교를 리모델링한 에코센터에 오는 단체 손님들이 대부분이다. 더러 지겟길을 걷거나 해변을 찾는 개별 방문객도 있지만 마을 수입과 직결되는 연대도 에코센터는 하루에 백 명 이내의 손님들만 예약을 받아 운영한다. 봄가을 학생들의 소풍 장소로, 방과 후 학교의 에너지 체험 교육장으로, 숲과 해변의 생태 교육장으로 적당히 붐비고 있다.

마을을 해설하고 에너지 시설을 돌아보는 데 꼭 필요한 인력인 마을 해설사는 아직 마을에서 구하지 못했다. 다시 한번 강도 높은 교육으로 주민들에 의한, 주민들의 안내가 있어야 한다. 그런데 현실을 들여다보면 말 좀 한다는 주민들은 다 바쁘다. 배도 돌봐야 하고, 바다에 나가서 고기도 잡아야 하고, 가두리양식장에 물고기 밥도 줘야 한다. 농사도 지어야 하므로 사실 시나브로 찾아오는 손님들을 기다리고 있을 여유가 없다.

생태섬 조성 당시부터 '에코가이드' 육성 계획을 세워 해설사들을 양성했다. 기초과정, 심화과정 외에도 전문가과정을 거친 초록 선생님들의 실력과 수업 내용은 아주 탁월해서 참가하는 학생들의 만족도가 높다. 숲 체험, 야생화 찾기 놀이, 나무야 놀자, 갯벌, 조간대 생물, 대안에너지에 대한 모든 것을 소재로 체험학습을 지도한다. 생태놀이는 어른들도 아주 좋아하는 프로그램이 되었다. 지속가능발전 교육의 현장 선생님이 된 '통영 바다해설사'. 5년 차가 넘어서 실력도 날마다 자라고 스스로도 보강한 덕에 이젠 아주 프로들이 되었다.

　연대도는 예약이 들어오면 일사분란하게 움직인다. 먼저 사무장이 시설 점검을 하고, 부녀회가 운영하는 식당에서 담당 어머니들이 식사 준비 계획을 짠다. 해설사는 순번 대로 담당을 정해 달아마을 선착장에서 손님들을 모시고 섬으로 들어가서 계획 대로 수업하고 지도한다. 시설에 대한 제반 관리는 이추문 센터장이 맡아서 하고 있다. 사무장은 고향인 연대마을에 돌아온 젊은 친구인데 낼모레가 사십 대, 아직 총각이라 착한 각시를 구하고 있다. 틈틈이 마을 앞에 있는 양식장에서 고기를 키우며 체험센터 관리를 총괄하고 있다. 묵직한 몸매답게 성격도 느긋해서 좀체 화를 내는 법이 없다. 운영의 전체 관리는 마을어촌계가 총괄한다. 수익과 배분도 모든 계원에게 정확하게 분배된다.

　마을 출신의 사무장이 있으니 지원 단체인 우리가 하는 일도 많이 줄었다. 고맙고 반가운 일이 아닐 수 없다. 이만하면 당초의 계획대로 잘 돌아가고 있다. 이젠 연대도 가는 발길을 슬슬 줄여서 이번에는 좀 더 먼 섬들로 나가려 한다. 처음 섬들을 돌았을 때 했던 다짐이 있다. 5년마다 꼭 섬마을 그 길들을 다시 밟아보자는 것이었다. 내년 봄부터 다시 거꾸로 섬을 답사하고자 한다. 한때 사람이 살았으나 지금은 살지 않는 무인도까지 다녀볼 생각이다. 첫사랑 같은 섬, 연대도는 꽃 같이 아름다운 사람들이 있어 든든하다. 추문 씨, 추문 말고 미문이 나도록 마을을 부탁해.

연대도 지겟길은 섬사람들이 오랫동안 사용하던 길,
그러나 사람이 줄어들며 사라진 길을 복원했다.
계획했던 일들이 마무리 되고, 자리를 잡아가며
섬에는 다시 사람들이 늘었다.

에코아일랜드 연대도

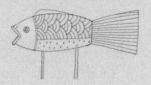

구도심 재생이 머꼬?

통영 강구안

푸른 골목

만들기

1　마을이 도시를 살린다

　　날로 팍팍해지는 사회에서 정 맛, 살맛나는 공동체 회복의 대안으로 '마을 만들기'가 거론되고 있다. 원래 있는 마을을 어떻게 다시 만든다는 것일까. 일본에서 큰 성과를 거두며 널리 퍼져나간 이 운동은 '지구적, 생태적으로 평화롭고 행복한, 지속가능한 마을 만들기'가 원래의 뜻으로 속도전으로 돌아가는 세상 언어에 따라 말을 줄이다 보니 그저 '마을 만들기'라 부르고 더 깊은 속내로 읽는다.

　　마을 만들기는 꼭 시골이나 농어촌에서만 하는 것으로 잘못 알고 있는 경우도 있는데 대구시의 담장을 허무는 마을 만들기, 전주와 광주의 문화가 있는 마을 만들기, 수원 행궁동의 마을 만들기 등은 좋은 사례로 자리 잡고 있다. 마을의 전통 문화를 보존 계승하는 데 그치지 않고 신선한 콘텐츠를 보강하여 즐거움을 더하고, 이웃 간 지식을 나누고 소통하는 장을 마련하여 결국 서로가 더 깊이 알고 따스하게 지내며, 뭔가를 배우고, 자신이 사는 마을을 절로 사랑하게 만드는, 뜻깊은 목적이 있는 신사고 문화 혁명이다. 이러한 좋은 마을 만들기는 사실 농촌에서보다 도시 마을에서 더 필요한 정책이다.

　　통영은 여러모로 아름답다. 아름답다는 것은 인위적인 것보다 살아 움직이는, 혹은 오래된 것들과의 조우에서 느껴진다. 스펙터클은 없어도 일상이 느껴지는 곳, 무엇보다 굳이 사람이 아니어도 유무형의 풍광의 기적이 느껴지는 것이 중요하다. 통영에는 고유의 문화를 지키고 있는 많은 섬마을이 있고, 자신의 동네에 자긍심을 갖고 있는 골목 사람들이 있다. 우리 같은 단체에서 할 수 있는 일은 그저 마을과 사람들 속에 숨어 있는 이야기를 찾아내고, 그 이야기를 만나러 가는 길의 잡초를 걷어내어 사람들이 더 쉽게 다가갈 수 있도록 하는 정도다.

통영의 중심이었던 강구안

강구안, 강의 입구 혹은 육지의 강이나 하천의 끝자락이 바다와 만나는 기수역을 말한다. 그러나 통영에서 '강구안'이라 불리는 곳은 강이 없는, 바닷가 언덕에 기대어 바다를 바라보고 있는 작은 항구다. 통영엔 강이 없다. 하천도 미미하다. 그나마 도심을 향해 내려오던 개울 두 곳은 복개하여 지하수로가 된 지 오래다. 그런데 강구안이라니, 처음 듣는 이들은 흔히 영덕의 강구안을 떠올린다. "강이 있었나 봐요?" 묻기도 한다. "바다를 향해 내려오던 개여울은 두어 곳 있었지요. 임진왜란 이후 삼도수군통제사가 있던 무렵 수군에 필요했던 군수품 종목의 가죽류를 가공하느라 온통 짐승의 가죽을 씻고 널어 말렸던 곳이어서 '가죽고랑'이라 부르던 서호천이 있었고요, 동쪽 산에서 미나리꽝을 지나서 내려오던 정량천이 있었지만 지금은 땅속에서 흐르거나 말거나 할 뿐이라니까요. 눈에 보이지 않으니 고여서 썩는지 흐르는지 안부를 물을 길이 없잖아요."

암튼 이 지역 사람들은 통영항 주변, 바닷가 인접한 상가와 도심을 오래전부터 강구안이라 부른다. 이곳은 통제영이 있던 무렵부터 중심지였다. 세병관이 지척에 있고 통영성의 세 망루인 동포루, 서포루, 북포루가 눈만 돌리면 보이는 곳이었다. 동그란 복주머니처럼 생긴 통영항이 매립으로 면적이 조금씩 작아지기 전까지, 아마도 이곳 풍경은 해군사령부의 위엄과 위상을 그대로 간직했을 터. 그러나 지금은 위엄 어린 군선 대신 관광용으로 복원한 거북선이 떠있고 크고 작은 어선들이 드나드는 한가한 항만 풍경이다.

근현대의 호시절, 통영의 강구안 일대는 정말로 개가 돈을 물고 다니던 곳이었다고 한다. 입담 좋은 술꾼은 실례를 들기도 한다.

"적게는 사나흘, 많게는 한 달 보름 가차이 배를 타고 바다에 나가 풍랑에 시달림서 괴기를 잡다가 만선을 하고 떡하니 뭍에 내리모 그날이 뱃놈들한테는 잔칫날이고 생일날인 거라. 안 죽고 살아 돌아왔으이 생일, 선주한테서 돈 잔뜩 받았으이 잔칫날 맞는 기제. 집에서 기다리는 처자식이나 부모님도 계시것지만 우선 고픈 거를 채와야 했는기라. 배 탐서로 뭣이 젤 고프겠노. 술이랑 묵는 기랑, 흐흐 기집이지. 그때는 계좌이체 이런 거 없었거등. 무조건 핸찰이라. 한 다발씩 돈을 받아서 보게토(주머니)에 넣어 가이고 강구안 근처 색시집에 가모 술이랑 안주가 산해진미라. 부우라, 마시라, 더 묵자 카다 보모 언 놈은 그나마도 돈을 좀 냉기서 집구석으로 내빼고 언 놈은 고대로 이차 삼차 가다가 어느 골목길에 뻗었는데 새복(새벽)이 되모 줌치(주머니)에서는 돈이 삐져나오고 그것도 모리고 간밤에 흘린 토사물에 이리저리 비비적대다 보모 동네 개가 지나가다가 돈인지 건디긴지 모리고 일단 물고 도망 댕기고 그랬다니까."

서해의 개흙이 키워낸 살찐 치어들과 동해의 맑은 물결이 만나는 남해 바다가 물 반 고기 반이던 시절, 이곳 강구안도 한때 서울의 명동거리 못지않은 문화의 중심지였다. 통영이 고향인 박경리, 김춘수, 윤이상, 김상옥, 유치환, 유치진, 그뿐인가 피난길의 이중섭, 통영 여인을 사랑했던 시인 백석까지 드나들던 문화와 예술, 낭만과 파시가 한꺼번에 어우러지는 풍요로운 시절이 있던 곳이었다. 게다가 인근 섬으로 오가는 여객선터미널과 부산이며 여수로 잇는 한려수도의 바닷길 선창도 이곳이었으니 소통과 물류의 집합 장소였음은 말할 나위가 없다.

바다가 저물어 어선들도 줄어들고 여객선터미널도 서호동으로 옮겨 갔다. 풍류와 멋을 노래하던 예인들도 하나둘 대처로 떠나고, 젊은이들마저 중고등학교를 거쳐 대학이나 직장을 따라 고향을 떠나기 시작하자 강구안은 날마다 조금씩 쓸쓸해졌다. 언제부터인가 전국으로 번진 신도시 개발 정책은 통영도 피할 수 없었다. 외곽에 신도시를 건설하자 강구안의 젖은 어깨는 더욱 처져서 물 먹은 솜처럼 좀체 일어서기 힘든 모양이 되어갔다.

강구안은 앞태와 뒤태가 많이 다르다. 얼굴은 화장을 잘한 도시 여자

같다면 뒤태는 몸뻬를 입은 구시대 여자의 엉덩짝 같다. 명색이 통영의 중심지라서 대로변에는 내로라하는 브랜드들이 저마다의 인테리어로 들어서고 해변도로 쪽으로는 통영김밥과 꿀빵집이 나날이 늘어나고 있다. 하지만 한 블록 뒤편 골목은 한적하다 못해 인적이 드물었다. 어둡고 침침한 골목은 대개는 들어가고 싶지 않은 스산한 풍경이었다. 시내권에 공짜로 주차를 하고 싶은 얌체족이 주차를 일삼는 임시 무료 주차장으로 활용되고 있었다.

2   사람 꼬시기

중앙시장 건너편부터 항남동 사이의 약 5백여 미터 거리 뒷골목을 사업 대상지로 정했다. 4, 5층의 건물이 즐비한 곳. 가로 골목은 두 개의 긴 소방도로가 이어져 있고, 세로로 진입하는 길목은 다섯 개로 사방팔방에서 들어가고 나올 수 있는 막힘이 없어 어디로 나가도 바다를 만나는 재미있는 골목길이다.

동피랑과 연대도에 대한 마을 만들기 사업을 끝내기 전부터 다음 순서는 구도심 재생 쪽으로 미리 가닥을 잡았다. 이곳을 어찌 좀 해볼거나 하고 자주 기웃거렸지만 아직 편하게 얼굴 트고 '밥 묵었는지' 안부를 전할 사람 하나 사귀지를 못하고 있었다. 워낙에 낯을 가리는 성질인 데다 어느 줄을 타고 진입해야 할지 캄캄하기는 동피랑, 연대도나 매한가지란 생각이 들었다. 생판 모르는 동네! 그 점이 오히려 편할 것이란 생각도 들었지만 낯선 사람의 말을 들어나 줄 것인가. 마을 만들기를 처음 시작했던 7년 전의 이런저런 경험들이 불쑥 떠올라 지레 겁부터 났다.

어느 밥집에 들러서 "이 골목에 대해 어찌 생각하십니까?" 밑도 끝도 없이 물었다가 부동산 여편네 취급을 당했다. 돌아온 대답은 퉁명 그 자체였다.

"마, 다 지 알아서들 묵고 살고 있지. 장사가 안돼서 건물주들은 힘이 들것지만 대신 세는 싸서 세입자들은 장사가 애북(제법) 되는 집도 있고, 사는 기 다 그런기지 머! 그래도 이 골목 땅이 을매나 비싼지 나온 건물은 없어요. 거래가 아예 없다니까. 나온다 캐도 누가 살끼고, 장사는 안되고 건물은 낡았는데도 을매나 값이 센데. 팽당 천만 원이 넘는다 아이가!"

무엇보다 이 골목을 어떻게든 보살필 예산이 없었다. 겨우 2012년 경상남도에서 띄운 공모 사업을 하나 따 놓은 터였다. 도비 1억 2천5백만 원,

그리고 그만큼의 시비. 그래서 합이 2억 5천만 원이 있었다. 평당 천만 원 짜리 이 골목에 2억 5천으로 무언가를 그것도 잘 해야 한다는 강박이 제법 묵직했다. 준비 기간 동안 틈 날 때마다 전국의 구도심 재생 사례를 샅샅이 훑었다. 두꺼운 스펀지처럼 돈만 들입다 흡입하고 그만인 곳도 있었고 신선한 아이디어로 성공한 사례도 있었다. 사람을 모아보자, 그것도 방문자의 낯선 시선으로. 왜냐하면 여기는 주상복합지이긴 하지만 실질적으로는 주거공간이라기보다 외지인들, 즉 관광객들이 와서 살펴보고 듣고 맛보고 가는 행려의 공간성이 더 강한 곳이다.

가지고 있던 명함을 뒤졌다. 버리려고 상자에 모아두었던 천 장 가까운 9백 몇 십 장 중에서 열 명 정도의 명함이 추려졌다. 인터넷으로 사례 검색을 계속했다. 시장, 문화, 부흥, 마을, 예술, 도시, 미술, 공동체, 살림, 지속가능성 등의 익숙한 단어들이 쭉 지나갔지만 딱히 '같이 해보입시더' 붙들 사람은 보이지 않았다. 붙드는 것도 돈이 많아야 지남철처럼 딱 붙을 수 있는데 돈도 없고 빽도 없는 가난한 지방 단체의 사무국장이 뭔 배짱으로 낚느냐고 되묻는다면 그건 더 낭패일 것이다.

그러던 어느 저녁, 늘 시끌벅적한 동피랑 주민회의에 갔다 오는 길에 수년 전 동피랑에 와서 서울 문래동 철공단지 사례를 얘기하던 공공미술가가 떠올랐다. 이름을 더듬어 찾고 전화를 했다. 곡진한 내 청에 비해 대답은 좀 냉정했다. 나중에 알고 보니 워낙에 말이 느렸고 어눌한 쪽이었다. 알다시피 그런 어투를 가진 사람은 공갈치는 데도 느려서 차라리 신뢰가 가는 쪽이다. 이야기를 듣고는 "좀 생각해 보마" 하며 며칠 뒤에 연락해 주겠다고 했다.

신통찮은 반응이었으므로 그의 답만 기다리고 있을 수는 없었다. 부산 쪽의 일꾼을 찾으러 몇 군데 접선을 하고 있을 때 그에게서 전화가 왔다. "그런 일을 전문으로 하고 있고, 1년여 시간이 남는 사람을 구하기가 힘들다, 겨우 한 사람 있는데 만나보겠느냐"고 하기에 당장 만나자고 했다. 그래서 내가 서울로 가는 것보다 물 좋고 회 좋은 통영으로 사전답사 겸 오시라고 했다. 처음 접속자 김강 작가를 비롯한 세 명이 내려와서 현장을 찬찬히 둘러보고 곧장 '다찌집'으로 직행했다. 사람 꼬시기에 다찌집처럼 효과 좋은 곳을 나는 별로 본 적이 없다. 덕분에 나는 몇 푼 안되는 급여가 늘 모자랐다. 그런 접대성 사전 '간 보기' 작업 비용은 행정의 예산으로는 한 푼도 지급할 수 없는 돈이다. 그러나 꼭 필요한 낚시질이기 때문에 몇 푼 아끼려다 사람 잃고 나면 앞으로의 일을 진행할 수 없어 주머니 쌈짓돈이라도 풀어놔야 한다. 모처럼의 값진 안주와 소맥을 천천히 음미하면서 서로 촉수와 더듬이를 뻗어서 간잽이가 되어본 결과 같이 일을 도모해 봄직하다는 결론을 얻었다. 무엇보다 그가 가진 경험치와 인맥의 잎맥이 좋아보였고 돈이 적다는 제안에 적으면 적은 대로 한번 해보자는데 마음이 가 닿았다.

물론 시골에서 마을 만들기를 하는 촌 활동가를 서울 선수들은 또 어떻게 봤을지 나는 잘 알지 못한다. 그들은 사전 답사 기간 내내 동피랑 사례의 전후를 자주 물었고 나는 추진 과정의 행간에 대해 비교적 자세한 대답을 하며 동선이 이어지는 강구안의 가치에 대해 거품을 물었던 기억이 난다.

벽화가 대유행이다. 그러나 도심의 때깔 바꾸기만으로는 지속이 절대 불가능하다. 예술 작품이 몇 개 들어섰다고 그 공간에 사는 주민들에게 일찍이 없던 애정이 갑자기 우후죽순처럼 생겨나는 것도 아니다. 언제나 밑바탕이자 기본은 소통과 공감이다. 추진하는 팀에서 가장 필요한 것이 있다면 충만한 측은지심과 재생, 즉 다시 일어서기에 어떤 형식으로든지 조금이라도 기여하고자 하는 낮은 마음이다. 사실 마을 만들기에 관한 모든 사업은 복지의 개념에서 출발하고 마무리하는 것이 맞다.

사람이 필요했다. 인사가 만사다. 푸른통영21 사무국에는 사람이라고는 겨우 두 명. 현장성이 담보되어야 하는 일이므로 주구장창 함께할 한 명의 전문가가 필요했다. 혼자는 외로워서 못한다. 그래서 돌아가지도 않는 머리를 굴려 고심한 끝에 민관협치의 정신을 살려 기관을 접촉하기로 했다. 다름 아닌 통영시종합복지관을 파트너로 삼아 기어이 꼬셔야 한다고 결심, 눈에 불을 밝히고 줄을 댔다. 복지관장은 다행히도 신부님이었다. 냉담자로 오래 살아온 터라 다음 주부터 성당에 나오라하면 '그리 하겠습니다' 하고 냉큼 대답해야지 마음먹고 갔다. 조마조마한 마음으로 신부님을 모시고 강구안 재생 사업 계획에 대해 파워포인트로 정식 브리핑을 했다. 더불어 '복지관에서도 총괄 복지, 즉 지속가능한 마을 만들기에 관심이 많은 것으로 알고 있습니다. 한 명을 보내주시면 저희가 잘 가르치고 또 배워서 서로 상생하는 기회가 되도록 최선을 다해보겠습니다. 아멘!' 하는 마음도 전했다.

잘생긴 꽃미남 신부님은 사업 계획을 차분히 듣고 주민과 복지 관계에 대해 한두 가지 예리한 질문을 던졌다. 다음 날 내려진 결과는 명쾌했다. 잘 배우고 오라는 격려와 함께 흔쾌히 복지사 한 명의 합류를 허락한 것이다. 동글동글, 한눈에도 '나 비교적 착하고 성실함'이라는 명찰이 온 얼굴에 가득한 조상현 복지사가 합류하게 되었다. 이렇게 시청과 산하 기관인 통영시 종합사회복지관, 지방의제21과 공공미술 전문가 그룹이 모였다.

자, 사람이 모였으니 이제 천천히 따박따박 가보입시데이.

지구를 고려한
착한 기획으로

구도심 재생 사업(이름도 거창하다), 지속가능한 마을 만들기 사업의 일환으로 2012년 3월부터 '강구안 푸른 골목 만들기'를 시작하였다.

현재 골목 안에는 40년 이상 된 여관과 식당이 있고 통영의 옛 풍경들이 가득한 사진관, 섬사람들의 호미와 괭이를 다듬어주는 대장간이 남아있는 정 깊은 곳이다. 하지만 도심 외곽에 신시가지가 생기면서 사람들의 발길이 끊기고 밤이면 어둠만 가득한 골목이 되었다. 저층은 상가, 꼭대기층은 살림집인 주상복합 건물이 빼곡한 낡고 오래된 시내 중심지는 마을 주민들 간 교류가 적고 마을 공동체에 대한 관심 또한 미미한 상태다. 상가의 낡은 환경을 조금이나마 개선하고 주민들의 자발적인 참여를 통해 점차 사라져가는 오래된 기억을 다시 불러일으켜, 추억과 낭만이 있는 정다운 골목이 되도록 시도해 보자는 의도의 깃발을 높이 내걸었다.

보통 마을에 대한 콘셉트는 아쉽게도 예산을 주는 부처의 성향에 따라 좌우된다. 문화체육관광부의 사업비이면 그 부처의 기획의도에 맞춰야 하고 지식경제부의 사업이면 또 그래야한다. 당연한 일이지만 관련 예산을 마을과 연결시키는 일은 그렇지 않아도 나쁜 머리를 굴리느라 자갈돌 구르는 소리가 나기 마련이다. 하지만 의외로 그래서 쉽기도 하다. 큰 주제는 이미 한정되어 있는 것이다.

강구안 예산은 경상남도의 '친환경 녹색 시범마을 조성' 관련 예산이다. 이름만으로는 시골 마을을 떠올리기 쉽지만 시골은 이미 녹색마을이다. 더할 것이 없다. 이런 경우 친환경의 의미를 폭 넓게 해석해야 한다. 삭막한 도시마을에 더 필요한 내용이다. 문제는 어떻게 접목하는가이다. 공부가 필요하다. 다른 도시의 사례, 나라의 사례를 정리한 것에 관심을 기울이면 사방에 도움되는 책이 널려있다.

착한 길라잡이들이다. 그것들의 사례를 분석하고 해당 사업 구역을 조합했다가 풀었다가 비틀었다가 결국 선택과 집중, 부분 취합한다. 와중에는 전혀 새로운 것들도 튀어나오기 마련이다. 아무나 붙잡고 묻는다. "이런 거 어떨까요?", "음, 새롭고 좋네요", "그거는 좀 그렇네요", "참 신선하네요, 그런데 과연 될까요?"

사업 대상지를 오랫동안 서성거렸다. 오랜 기획회의를 통해 간추린 주요 사업 내용은 태양광 가로등 11기, 골목내 녹지공간 20여 곳 조성, 보도블록 교체, 주민 교육 및 주민 화합을 위한 작은 마을축제, 사전 사후 설문조사, 주민 만남을 통한 친밀한 신뢰 관계 형성, 사업 홍보 및 안내를 위한 SNS 관리, 강구안 골목 지도 제작, 빗물 재활용 시설 설치, 대형 형광등 간판을 고효율 외등 미술 간판으로 교체, 상가 에너지 진단, 마을 이미지 조각 작품 제작 전시, 재활용 의자 제작 설치, 상가 스토리텔링 간판 인터뷰 제작 및 부착, 백석 시화 20여 점 제작 부착 등으로 간추렸다. 가지가지 일도 많았다.

물어라, 현장에서

애매한 짐작보다 정확한 데이터가 주는 신뢰도는 일에 확신을 갖게 한다. 일을 추진하는 당사자들에게도 매우 안정적인 방향을 제시해주기 때문이다. 아마도 그럴 것이라는 막연한 추정보다는 냉정하더라도 명백한 현실이 낫다. 그래야 대안을 세울 수가 있기 때문이다.

일을 본격적으로 시작하기에 앞서 복지관과 함께 주민대상 사전 설문 조사를 실시했다. 스무 개 항목, 대부분 선택하기 쉬운 객관식 질문이고, 몇 개 항목은 생각을 직접적으로 듣기 위해 서술식으로 뽑았다. 선택지는 제외하고 질문들만 나열해보면 다음과 같다.

1. 귀하의 연령대는 어떻게 되십니까?
2. 귀하의 성별은 무엇입니까?
3. 강구안 골목에서 거주(장사)하신 지는 얼마나 되었습니까?
4. 주거와 영업장 위치는 어디입니까? (복수 응답)
5. 거주지와 영업장 소유 실태는 어떠합니까?
6. 본인이 체감하는 영업 실태는 어떠합니까?
7. 현재 강구안 골목의 삶에 만족하십니까?
8. 우리가 살고 있는 강구안 골목에 대해 어떻게 생각하십니까?
9. 주변 이웃들과 소통 정도는 어떠합니까?
10. 골목 안에서 일어나는 이웃들의 소식에 대해 잘 알고 있습니까?

11. 마을 공동체 회복과 강화를 통해서 이웃들을 서로 보살피고 상부상조 하는 강구안 골목이 되었으면 좋겠습니까?

12. 강구안 골목에서 생활하면서 가장 불편했던 점은 무엇입니까? (서술형)

13. 강구안 골목의 좋은 점은 무엇입니까? (서술형)

14. 〈강구안 푸른 골목 만들기〉 사업에 대한 기대는 어떠합니까?

15. 우리 골목이 어떻게 변했으면 좋겠습니까?

16. 〈강구안 푸른 골목 만들기〉 진행 시, 직접 참여해야 하는 프로그램들 이 있으면 참여하시겠습니까?

17. 〈강구안 푸른 골목 만들기〉를 하면서 주민들을 대상으로 어떤 프로그 램을 했으면 좋겠습니까?

18. 〈강구안 푸른 골목 만들기〉를 하면서 어떤 교육이 필요하다고 생각하 십니까?

19. 골목이 변하려면 시급히 해결(준비) 되어야 하는 것이 무엇이라고 생 각하십니까?

20. 〈강구안 푸른 골목 만들기〉 사업에 있어 바라는 점을 적어주십시 오.(서술형)

한 달여에 걸쳐 가가호호 방문하여 설문을 진행하였다. 56곳 중 49곳이 설 문에 참여하여 87.5%라는 높은 참여율을 보였다. 설문 결과도 주민들이 마을에 대한 애정과 자부심이 크다는 것을 보여주는 내용들이었다. 다만 마을 공동체가 약화되고 골목이 쇄락하여 낡고 지저분하고 어두워진 것이 불만이었다. 넓은 의미에서 우리의 문제의식과 주민들의 문제의식이 크게 다르지 않다는 것을 알 수 있는 결과였다. 막연한 추측과 생각에서 시작했 던 기획이 설문 조사를 통해 더 구체화되고 힘을 얻었다.

4   현장 사무소가 된 치과

'강구안 푸른 골목 만들기' 사업비는 공모를 통해 확보한 상태이나 사업 기간이 정해져 있어 마음이 조급했다. 1년 만에 어떤 결과든 내놔야 할 판이었다. 기획 초안을 다듬고 함께할 사람 모은 것 뿐인데 벌써 수선화가 피고 봄이 오려고 했다.

부랴부랴 현장 사무실을 얻으러 뒷골목을 쏘다녔다. 마을 일을 하는 데 있어 항상 현장성이 담보되어야 하는데 일이 생길 때마다 시청 안에 있는 우리 사무실까지 오가는 것은 효율성도 떨어지고 힘들다. 무엇보다 현지 주민들이 들락거리기가 쉬워야 하고 지나가는 눈길로라도 소통이 이루어져야 하기 때문에 현장사무소 개설은 매우 중요한 의미를 갖는다. 이름하여 '눈 소통'이다.

2월 말, 어디 먼 데서 매화가 벙글었다는 소식이 들려왔다. 찻물 우려내어 매화꽃잎 동동 띄우는 호시절이 언제였더라! 뒷골목에는 그늘이 많아 아직도 얼음이 서걱거렸다. 이 공사, 저 공사 때마다 아스팔트를 파헤치고 겹겹이 덧씌워 울퉁불퉁한 골목길에는 여전히 간밤의 취객들이 뱉은 토사물이 군데군데 보였고 담배꽁초는 더 많았다. 가뜩이나 비좁은 길을 가득 메운 차량들로 골목은 무료 불법 주차장이 되어 쳐다보는 것조차 갑갑했다.

조금만 고개를 들면 각각의 건물에서 삐져나와 인연 줄처럼 얽히고설킨 전깃줄들이 먹이사냥 중인 거미줄처럼 산만하다. 30~40년은 족히 넘은 4, 5층짜리 슬라브 건물들 사이로 오래되고 아담한 기와지붕 건물이 빈 채로 있어 주인을 물어서 찾아갔다. 옆 건물의 전당포집 주인으로 젊은 남자였다. 함께 가서 문을 열어보니 지붕에선 비가 새고 벽과 바닥은 썩어가는 임시 창고였다. 화장실도 없었다. 주인은 치워서 쓰려면 사용하라고 했다. 그러나 치우는 비용이 더 들겠다 싶어서 군말 없이 포기하고 이 골목 저 골목을 쏘다니면서 혹시 "싸게 세놓은 건물 없냐"고 묻고 물었다. 친절한 주민 한 명이 비어 있는 이층 카페를 소개했다. 그냥 사용해도 좋다고 했는데 70, 80년대 분위기가 남아있는 카페는 칸막이로 인해 동선이 너무나 불편해서 또 포기. 며칠이 흘러가고 있었다.

"오래전에 비워두었는데 아직 안 팔리고 있으니까 아예 저기로 가서 물어보지?" 어떤 분이 말했다. '매매합니다'라는 조그만 현수막이 걸린, 하얀 색의 페인트가 단정하게 칠해진 치과 건물 앞에서 문의 전화를 했다. 단기 임대는 곤란하다는 집주인을 여러 차례 설득한 끝에 매매가 이루어지는 즉시 비워 준다는 조건으로 월세를 얻었다. 아직도 치과 특유의 냄새가 배어 있는 아담한 스무 평짜리 실내 복층 건물이었다. 치과 원장이 건강상의 문제로 당분간 병원을 접어야 하는 상황이라 매매하려 비워 두었단다. 예술 감독과 '오리'라고 부르던 자원봉사자, 순둥이 복지사 상현, 그리고 우리 사무국 직원들이 총 동원되어서 청소 작업에 돌입했다. 1층 가운데를 차지한 구조물을 뜯어내느라 몽키와 스패너, 망치가 동원되었다. 다행히 아직 치우지 않은 책상이며 서랍 등이 있어서 없는 살림에도 도움이 되는 꽤 쓸 만한 공간이었다.

5 간판 크다고
손님 오나요?

폐업한 치과는 작업 약 이틀 만에 '강구안 푸른 골목 만들기 현장사무소'라는 현수막으로 만든 임시 간판을 달게 되었다. 골목 조경을 맡은 옥은숙 여사가 가져다 놓은 푸른 잎의 화분 몇 개가 더해지자 죽은 듯이 먼지 더께를 더해가던 공간은 금세 생기로 출렁거리기 시작했다. 초록은 안과 밖을 가리지 않고 사람을 행복하게 해주는 마술의 힘을 가진 게 분명하다.

인터넷을 연결하고 잡다한 필기구와 간소한 난방기구를 들여오고 처음으로 커피를 끓여 마시면서 모두가 내 집이라도 장만한 듯이 감격했다. 주인은 하루라도 빨리 가게가 팔리기를 기다리겠지만 우리 손으로 직접 닦고 치운 임시 사무실이라 될 수 있으면 아니 다만 한 달이라도 늦게 팔리기를 기원하는 희비가 쌍곡선으로 그려지고 있었다.

2월의 마지막 주 금요일, 집집마다 떡을 돌리고 현장사무소 인사 겸 현장 설명회를 가졌다. 위원들과 자원봉사자들이 가게마다 방문한 덕분인지 시간이 되자 치과 건물 1층이 사람들로 가득했다. 강구안 골목에서 무엇을, 어떻게, 왜 해야 하는지에 대해 20여 분간 사업 계획을 설명하고 주민들의 의견을 묻는 자리였다. 첫 설명회의 분위기는 의외로 차분했다. 이렇다 할 관심어린 환영도, 그렇다고 우려하는 마음도 없이 마치 이 동네가 아니라 건너편 동네일이라도 되는 듯 사뭇 덤덤한 분위기였다. 속으로 많은 답변을 준비한 주최 측으로는 적이 당혹스러웠다. "그래서 앞으로 여기에서 일을 본다는 거네요?" 한두 명의 질문이 끝나고 주민들은 다과를 들면서 그저 개소식 분위기에 열중했다. 차 없는 거리, 간판이 작아지는 거리에 대해 구체적으로 체감할 수 있게 전달이 안 된 것은 아닐까, 외려 불안한 쪽은 나였다. 우려는 현실로 나타났는데 개소식을 마치고 얼마 후, 더 넓은 공간을 얻어서 마련한 두 번째 설명회는 훨씬 뜨겁고 현실적인 질문으로 가득했다.

간판 크다고 손님 더 오는 것 아닙니다

집중도가 높은 공간인 시장 상인회 강의실을 얻어서 떡과 막걸리가 빠진 주민 설명회를 가졌다. 소도 통한다는 그 소통을 위해서다. 프리젠테이션은 매우 간략하게 준비했다. 설명회는 주최 측의 사전 설명이 길면 대개 망친다. 아무리 길어도 15분을 넘기면 안 된다. 경험상 그렇다. 가뜩이나 성질 급한 경상도 주민들에게 긴 프리젠테이션은 셀프 독배와도 같다. 복잡한 도형과 행정용어들이 자주 나오면 그것도 실수다. 거리를 두고 팔짱을 끼게 된다. 내 일이 아니고 '너거 일'이라는 몸 언어다. 설명회 때 섣불리 무언가 가르치려 들면 외려 비웃음을 사기 쉽다. 한글로 풀어도 되는 말을 굳이 영어를 사용하면 존경이나 존중은 커녕 신뢰의 바탕이 마련되기도 전에 금가는 소리가 들린다. "지랄, 웃기고 앉았네!" 코웃음 소리가 아주 가까이서 들리기도 한다. 그래서 첫 만남의 프리젠테이션은 신중하고 겸손해야 한다. 마치 집안의 어른들께 자분자분 말씀 드리고 조언을 구하듯 편안하고 말쑥하고 깍듯해야 한다. 왜냐면 첫 번째 프러포즈니까.

마을에 관한 일은 언제 어디서나 시작이 제일 어렵다. 지방의제 추진 기구 '푸른통영21'이 뭔지를 잘 모르는 시민들이 부지기수다. '의제'는 또 얼마나 낯선 단어며 '어젠다'는 또 뭔가. 연줄 씨줄로 얽힌 지역사회는 한두 명만 거치면 대부분 누군지 알게 된다. 학교, 동네, 아버지 이름과 직업 정도가 파악되면 익명성이 그리 오래 보장되지 않는다. 그런데 그 흔한 동기생 하나 친인척 연고 하나 없는 까마득히 먼 별나라 유엔에서 출발, 지속 가능한 개발이 어쩌고저쩌고 말하는 것은 아무 의미 없다. 단체 소개는 과감히 생략한다. 화면에 간단히 한 줄로 적어두고 단체 소개나 설명은 하지 않기로 한다. 어차피 설명회 주최를 어디에서 했는지는 중요하지 않다. 마을 만들기의 실질적 주체는 주민이므로.

다행히 먼저 시행한 '동피랑 벽화마을'과 '연대도 에코아일랜드' 사업으로 언론에 여러 번 알려진 탓일까, 꾸벅 인사를 하자 반갑다고 하니 감지덕지한 출발이 아닐 수 없다.

사업설명회, 무엇을 하려는지 보고 드리는 자리. 그렇지만 논하고자 하는 의도는 선명하게 담아야 한다. 야무진 새댁처럼 일단 기본 점수는 따고 봐야 한다. 사진을 여러 장 준비했다. 동네 주민들, 상인들, 궁금한 시민들, 기자들 모두 모여서 지금 우리네 강구안 뒷골목의 모습을 구석구석 객관적인 시선으로 보는 것이다. 차가 가득한 골목의 모습, 뒤로 물러서고 싶을 정도로 부담스런 커다란 간판들, 낡음과 귀차니즘이 가득 고인 쓸쓸한 구도심의 뒷골목이 한 장 한 장씩 약 5초 간격으로 지나갔다. 별다른 설명을 보태지 않았다. 함께 보고 느껴보자는 것. 고요한 침묵이 흐르는 가운데 익숙한, 그러나 화면으로 보니 다소 낯선 동네의 모습들이 지나갔다. 누군가 속삭인다. "우리 가게도 저기 나왔네." 그리고 중간에 흰 여백에 질문을 하나 넣었다. '보시기 어떤가요. 예쁘던가요?' 몇몇이 나직이 대답한다. "아니오."

다음 슬라이드는 무언가를 시도해서 이미 변화를 이룬 도시 골목의 여러 모습들이다. 역시 강요하거나 애써 친절하게 부연설명하지 않았다. 다만 신뢰를 위해서 지명은 정확하게 전달한다. 차가 가득한 사전의 모습과 깔끔하고 화사한 사후의 모습을 한 화면에 나란히 담아 전달했다. 감상과 판단은 전적으로 주민들의 몫으로 미룬다. 마지막으로 우리 골목의 미래상에 대해 '제안'이라는 전제하에 사업량과 예산, 구체적인 내용을 간략하게 말씀드린다. 특히 예산에 대해서는 정확하게 전달한다.

'차는 물건을 사지 않습니다. 공간만 차지할 뿐'이라는 주장도 글자로 대신한다. 귀로 듣고 눈으로 보는 시청각 자료일 때 문자가 설득력이 더 있다. '간판 크다고 손님 더 오는 것도 아니'라는 주장도 활자가 대신한다. 그리고 설명회 제안 보고는 마침.

프리젠테이션이 끝나자 예상 대로 질문이 많았다. 단언컨대 누구도 차를 빼지 않을 것이며, 가뜩이나 장사가 안되는데 간판이 작아지면 장사가 더 안될 것이라는 직언도 예상 질문 매뉴얼 대로 나왔다. 혹시 대체 주차장은 마련해 주는지도 묻는다. 아닌 것은 처음부터 아니라고 반듯하게 못을 박는다. 간판의 크기가 얼마나 작아지며 돈은 누가 내느냐고 묻는다. 작가들이 수작업으로 만들며 굳이 모두 다 동참하지 않아도 좋다는 말을 덧붙인다. 다만 아무것도 하지 않기보다 우리 주민 스스로 시도해보고 노력해보는 것이 현명한 선택이 아니겠는가 유도해본다. 생각보다 유순하게 끝났다. 돌아가는 길에 삼삼오오 못다 이야기한 속내와 짐작들이 난무할 것이다. 긴장하며 준비한 우리들도 기분이 좋아서 콧노래를 부르며 시장 막걸리집으로 몰려갔다.

2주간의 시간이 지난 후, 두 번째 설명회를 갖고 좀 더 구체적인 내용과 일정, 진행방법을 공개했다. 이제 중지를 모으기 위한 공공장소에서의 설명회는 큰 의미가 없다. '결사반대대책위원회'라든가 '조건부 찬성'이라든가 하는 주민들의 결성체가 형성되지 않았다는 것은 개별적으로 다수 동의는 한다는 의미다. 이제 남은 것은 개별 사안으로 가가호호 방문하여 논의하는 것이다. 사실 이것이 더 힘들다. 공공의 장소가 아닌 지극히 사적인 공간에 들어섰을 때 공익을 위한 배려나 망설임은 사라지고 스스로의 이윤에 대한 솔직함을 더 강하게 주장하기 때문에 자주 슬프게 된다.

3월이 오고 비닐하우스에서 일찍 핀 영산홍 등의 화초들이 새파래진 입술로 임시 사무소 앞에 줄지어 섰다. 가까운 주민들이 가끔 먹을 것을 사오기도 하고 각 분야별 전문가들이 모여 전체의 일정과 사업의 순차를 정하느라 회의와 간담회가 끊이지 않았다. 간판 회의가 끝나면 화단 회의, 그리고 태양광 가로등 회의, 의자와 쉼터에 관한 회의가 한 바퀴 돌고 나면 다시 전체 회의를 해서 모두 12차례의 회의를 계속 진행했다. 서울에서 내려온 김윤환 미술감독과 자원봉사자의 숙소를 사무실 실내 2층으로 정하고 임시로 매트리스와 이불 등을 준비했으나 아침에 사무실을 방문해 보면 보일러 없는 공간 한쪽에서 간밤 내 얼마나 떨었는지 부석부석한 얼굴로 손님을 맞기 예사였다. 아무렴 빨리 봄이 와야 한다. 봄이.

그 무렵 혼자 장사하는 가게들이 많은 지역 특성상 주민들을 매번 모아서 설명하는 것도 어려운 일이라 판단하고 적합한 소통 방편을 찾다가 '연애편지 방식'을 선택하기로 했다. 편지 전달은 활동가들이 직접 하기로 했다. 손님이 없거나 조금 한가한 시간에 찬찬히 곱씹어 읽어볼 수 있도록.

때 빼고 광내고 정성을 들인 현장사무소 치과 건물이 오랜 침묵을 깨고 생각보다 일찍 팔렸다. 동네 주민들은 어머나 저머나 하고 말들이 많았다. 현장사무소를 개소하고 문을 활짝 열어놓으니 내부가 궁금하던 사람들이 자주 들락거리고 그렇게 입소문이 나서 빨리 팔렸다는 평가가 대부분이다. 어찌되었건 주인 입장에서는 반가운 소식이고, 우리에게는 아쉬움이 많았지만 '좋은 일을 하면 좋은 일이 생긴다'는 표현이 딱 맞아떨어진 현상이었다.

그리고 기다리고 기다리던 그들이 왔다. 김윤환 감독이 섭외한 프랑스 환경조각팀 '아트북 콜렉티브(ART BOOK COLLECTIF)' 장 미셀(Jean-Michel Rubio), 마갈리(Magali Louis), 얄룩(Yalouk Mas) 세 명이 한국의 통영에 도착한 것이었다. 우리가 성은 장씨요, 이름은 미셀이라고 부르던 조각가 장 미셀은 프랑스 남부지방의 작가촌에서 활동하며 예술이 직업인 오십 대 후반의 미남이었다. 얄룩은 사십 대 중반으로 귀걸이를 멋지게 하고 팔뚝에 약간의 문양을 주입한 멋쟁이, 막내인 마갈리는 이십 대 중반인데 미모에 재능을 갖춘 친구였다.

이들이 도착하기 며칠 전 임시로 세 들어 있던 치과건물이 매매가 완료되어 당장 비워줘야 할 판국이었다. 다시 골목 여기저기로 사무실을 구하러 다녔으나 마땅한 공간은 없었다. 결국 골목 건너편 광장 한편에 컨테이너를 설치해서 이사를 가기로 결정했다. 닦고 기름 치고 가꾸었던 임시 사무실을 떠나려고 하니 당장 숙소가 문제였고 라면이라도 끓여 먹던 작은 주방이 급했고, 씻는 것도 모두가 돈, 돈이었다. 적은 예산으로 오로지 아끼는 데 골몰했던 우리로서는 이만저만한 손실이 아니었다. 치과 건물은 2층에는 매트를 깔아 임시 숙소로, 1층에는 책상과 테이블을 두고 사무실과 회의장소로 쓰기에 아주 딱 맞는 공간이었으므로 아쉬움도 그만큼 커서 스태프 모두 다들 마음고생이 컸다. '웃고 있지만 눈물이 난다, 그대 건물 주인아~' 그런 마음이었다.

결국 우리는 흰색 컨테이너를 구입하고 지게차와 크레인을 동원하여 설치하는 작업을 했다. 그리고 그 옆에 작업용 천막을 잇대었다. 숙소는 근처 여관으로 옮겼다. 캔 맥주 몇 개와 족발로 간단한 입주식을 마칠 즈음 첫 번째 민원이 도착했다. 광장의 4차선 도로 건너편 카페였다.

"넘으 점빵 앞에다가 떡하니 콘테너를 갖다 노이 갑갑해서 죽겠다. 누구 맘대로 거기다가 설치하라 카더노? 가게 간판이 안 보이서 장사 안되모 너거가 책임지끼가?"

그 가게는 평소에도 가끔 다니던 가게였다. 우리가 보기에는 부적절한 지적이었으나 대부분의 민원은 감성 요소가 상당 부분을 차지하므로 우선 달래서 이해를 구하기로 했다. 아는 사람을 찾았다. 지역사회는 한 다리만 건너면 다 아는 사람인 촘촘한 관계망으로 연결되어 있다. 뜻밖에 사무실 간사님과 어찌어찌 아는 사이라는 것. 간사님과 그의 남편까지 동원하여 사정을 했다. "영구적으로 있을 것도 아니고 길어야 삼사 개월입니다. 시에서 임시 사용 허락도 받았고 무엇보다 우리 골목을 위해서 하는 일이니 조금만 봐주세요. 우리도 카페를 자주 이용하겠습니다." 빗발치던 전화가 뜸해졌다. 우리도 서너 차례 그 카페를 이용했는데 건너편 현장사무소에서 왔다는 얘기는 구태여 하지 않았다. 가서 막상 앉아보니 딱히 시선을 가리는 것도, 갑갑증을 유발하는 것도 아니었다. 그래도 미관이 좋아야 한다고 미술감독은 기어코 흰 페인트로 컨테이너를 깨끗이 칠하고 검정 테이프로 멋진 벽돌 문양을 만들어 놓으니 모던한 느낌의 작은 건축물처럼 새로이 태어났다. 오나가나 이놈의 예술 감각이 문제였다. 추하거나 아름답거나 둘 중 하나.

현장에 도착한 프랑스 조각팀은 임시 사무소와 작업장을 둘러보고는 연신 멋지다고 환호했다. 통역은 미술감독의 아내이자 화가인 재불작가 김강 선생이 맡아주었다. 마갈리는 약간의 영어를 했지만 나머지 둘은 모국어만 사랑했다. 나중에 김강 선생이 돌아가자 대화는 끊어지고 적막강산 무언의 소통이 시작되었다. 그래도 마음만 있으면 뜻은 다 통한다.

몇 달간 잠시 사무실로 사용할 컨테이너 하나도
그냥 지나치지 못하는 예술 감각이
오랜 역사와 사람들을 품고 있는 강구안 골목을 만나면
어떤 모습이 될지 나부터도 궁금했다.

7 얄룩, 마갈리,
그리고 짱, 장 미셀

　　당장 외국작가들의 숙소를 구해야 했다. 오늘은 이 여관, 내일은 저 여관에서 전전하기를 며칠째. 할 수 없이 푸른통영21 부위원장을 맡고 있는 설종국 위원에게 도움을 청해봐야겠다고 생각하고 기회를 보고 있었다. 건축사인 그는 최근 통영의 서쪽 해저터널 근처 바닷가 마을에 '통영거북선 호텔'이라는 근사한 호텔을 지어 운영 중이었다. 규모는 작았지만 내부가 예술 감각으로 가득한 멋진 호텔이었다. 공짜로 두어 달 좀 재워주십사는 말이 차마 떨어지지 않았다. 엄연한 영업장소인데 개인적인 부담을 안기기가 너무 미안했다. 마침 그가 외국 작가들을 호텔에 초대해 식사를 제공하고 싶다는 뜻을 비쳤다. 작가들과 미술감독이 어우러져 레스토랑에 간 자리에서 어렵사리 말을 꺼냈는데 그가 흔쾌히 승낙했다. 우리 통영을 위해서 멀리 프랑스에서 와준 작가들에게 시를 대표해서 기부하겠단다. 여름 성수기 전까지 두 달을 조건으로 실내 복층이 있는 하루 13만 원 상당의 방을 얻었다. 8백만 원 상당의 기부를 한 셈이다. 작가들은 환호했고 스태프 모두 감격한 나머지 노래방까지 진출해서 리듬을 실은 고함으로 고래고래 기쁨을 표현했다. 결국 조각 작품 일이 길어지는 바람에 호텔에서 약속한 기간을 넘기게 되자 산양읍에 있는 그의 개인 별장까지 빌려주어 또 한 번 신세를 지게 되었다. 이래저래 신세만 늘어갔고 그만큼 잘해야 한다는 부담도 이스트를 친 찐빵처럼 부풀어갔다.

　　김동진 통영시장의 환영 만찬도 있었다. 방석집이 불편한 외국인들을 배려해 의자가 있는 일식집으로 초대, 외국에서의 오랜 공직 생활 경험을 바탕으로 한 능숙한 영어와 다양한 대화로 좌중을 이끌었다. 특히 시장이 직접 제조해준 6:7의 소맥 폭탄주는 가히 압권이었다. 다만 옥에 티가 있었다면 그 식사 자리에서조차 노트를 꺼내고 메모를 하고자 시도하는 수행 공무원들이었는데 철저한 직업정신도 좋지만 때와 장소를 잘 가리면 더 아름다울 터였다.

작가들은 통영시청에서 빌려준 자전거를 타고 작업장과 숙소를 오가며 출퇴근했다. 컨테이너 안에서는 미술감독과 조상현 복지사가 상근했고 총괄디렉터인 나는 사무실과 현장을 오가며 불편사항 해소와 행정 섭외를 담당, 각자 맡은 바 일들에 손발이 들어맞아 착착 진행되었다. 작가들은 컨테이너에 딸린 천막에서 맹렬한 작업에 들어갔다. 아침 8시 반부터 오후 늦도록 왱왱, 드드드드, 치리릭 하는 소음과 용접 불꽃이 튀었다. 초록색 천막 속에서 짐작할 수 없는 커다란 뭔가가 만들어지고 있었다.

시민 속으로 깊숙이

통영항의 중심, 중앙시장과 멀지 않은 널찍한 광장 한쪽에 놓인 천막과 현장사무소에는 방문객이 끊이지 않았다. 바라던 바였다. 소통이라는 것이 굳이 어떤 형식에 얽매일 필요는 없다. 자연스러운 소통이 이루어지는 적합한 장소요, 현장이었던 것이다. 현수막 한 장으로 장소의 입장을 알려두기는 했지만 누가 봐도 궁금하게 생긴 현장이었으니 그럴 법도 했다. 궁금하면 못 참는 행인들은 꼭 들렀다 갔다. 하루에도 몇 번씩 뭐하냐고 물었고, 똑같은 대답을 하루에도 여러차례 해야 했으며, 더러는 술에 취한 행인이 행패를 부리기도 했다. 퇴근시간마다 들러서 외국작가들에게 캔 맥주를 사주는 사람이 있는가 하면 몇 차례나 작가들을 초대해서 와인과 치즈로 노동의 곤비함을 달래준 이경건 선생의 멋진 배려도 잊을 수 없다.

아트북 콜렉티브의 그동안 작품들을 살펴보면 거리의 미술에 이동하는 작은 도서관을 접목한 사회성이 강한 작품들이다. 주로 철 구조물이 흔하나 그렇지 않은 재료도 쓰는데 빠지지 않는 것은 누구나 읽은 책, 읽을거리를 넣어둘 수 있는 작은 도서관을 삽입한다는 점이다. 읽고 배우고 익히

자는 의미의 조각품 속 작은 도서관은 그 자체로 상당한 마력을 갖고 있어 프랑스, 영국, 독일을 비롯한 여러 국제도시에 초청 설치되었다.

오자마자 통영의 역사와 거리의 특징, 특히 예술가들에 대한 정보 교환이 밤늦도록 이어졌다. 그들은 음악가 윤이상을 알고 있었다. 그가 어떤 연유로 고향에 돌아오지 못했는지 당시 사회상과 그의 고난에 대한 이해도 깊었다. 그들이 연구해온 조각 작품을 설계하기 전, 먼저 제안한 것이 '윤이상의 악보 자전거' 작품이다. 나는 대충 그려간 오선지와 자전거가 어우러진 부조의 형태와 윤이상 작곡의 '달무리' 악보를 내밀었다. 의미가 있는 일이니 한번 도와주면 좋겠다고 했다. 작업 공정상 계획에 없던 일이라 조금 당황한 작가들은 내일까지 고민해보겠다고 했다. 그러나 다음 날 현장에 나가보니 이미 작업 설계도는 완성했고 제작을 시작하고 있었다. 달무리 악보의 '콩나물 대가리'는 이 골목의 특징인 식당에서 모티브를 따와서 '스뎅 숟가락'으로 결정했다고 하는 바람에 모두 폭소와 탄성이 쏟아졌다. 숟가락이 하나씩 용접 불꽃에 따라 음표로 변해갔다. 마지막으로 우리가 준비한 다소 클래식한 자전거를 붙였다. 그들의 오랜 콘텐츠인 미니 도서관도 곁들여져 악보를 넣어둘 수 있는 공간으로 활용할 수 있도록 배려했다. 지금 강구안 세광한의원 벽에 부착된 '자전거가 있는 윤이상 악보' 조각이 바로 그 작품이다.

통영에 반한 외국 작가들

갈색 곱슬머리에 인상이 좋은 작가 장 미셸은 조부가 중국인이라고 한다. 중국 할아버지와 프랑스 할머니가 결혼한 것이다. 때문일까, 동양의 음식이나 문화에 대한 애정이 깊었다. 특히 그가 나고 자란 프랑스 남부는 바닷가 도시여서 통영의 음식에 대해 처음부터 탄복했다. 우리는 주로 강구안 중앙시장의 허름한 막걸리집 미정식당을 단골로 삼았다. 탁자가 달랑 두 개뿐인 그 집 주모의 음식 맛이 아주 좋았기 때문이다. 화장실이 없는 가게라 중간에 화장실에 가고 싶어지면 멀리 떨어진 공중화장실까지 가는 불편함이 있었지만, 이를 무릅쓰고도 자주 찾았던 이유는 날마다 바뀌는 즉석 메뉴 때문이었다. 그날 시장에 나온 가장 신선한 것들을 인공합성조미료를 전혀 넣지 않고 즉석에서 요리하여 풍성하게 상에 올렸다. 주모는 약간 뚱뚱한 체형에 선한 얼굴을 가진 육십 대 초반의 '아지매'였는데 언니라고 부르면 좋아했지만 할매라고 부르면 금방 싫은 티를 냈다. 장구도 잘 치고 노래도 잘해서 숟가락 장단으로 노래를 불러주면 다들 깜빡 넘어갔다. 그 체중에 오토바이도 잘 타는 멋진 주모여서 우리들은 물론 외국 작가들에게도 인기가 좋았다. 장 미셸은 특히 막걸리를 좋아해서 말이 조각가지 거의 막일과 다름없는 용접, 절삭 등 고된 노동으로 채워진 일과를 마무리한 저녁이면 으레 막걸리를 마시러 이 집으로 퇴근하곤 했다. 주모도 그들을 언제나 따뜻하게 반겨주어 통영의 이미지를 업그레이드 하는 데 단단히 한몫했다.

특히 미셸은 싱싱한 횟감과 굴, 생선과 해초에 대해 몇 번이나 말했다. 이같이 싸고 질 좋은 식재료라면 프랑스인들을 비롯한 유럽인의 입맛을 단번에 사로잡을 것인데 '아무도 모르는 것이 문제'라며 안타까워했다. 프랑스 남부지방과 통영이 음식 교류를 한번 해보자는 의견도 나왔다.

"일 좀 크게 만들기 없기. 제발, 제발. 그거는 다음 프로젝트. 다음에 플리즈."

얄룩은 사십 대 초반의 전형적인 멋쟁이 작가로 과묵한 편인 미셸에 비해서 성격이 활발했다. 지금 아내가 세 번째 마누라인데 임신 중이라고 해서 우리는 애써 담담한 척, 관리하기 힘들겠다고 했더니 각자 잘 살고 있어서 걱정 없다는 대답이 돌아왔다. 특히 용접에 관해서는 달인의 경지에 가까워서 하루는 지나가는 조선소 용접공이 한참이나 작업하는 모습을 들여다보더니 오른손 엄지를 척 세우며 "당신 최고, 정말 최고!"라고 하더란다. 함께 일하는 내내 짜증 한 번 내는 일 없이 늘 웃는 얼굴로 분위기를 이끌던 친구였다. 우리는 그의 이름이 발음하기 어려워 가끔 '얼룩'이라고 부르기도 했다.

막내이자 여성인 마갈리는 마르세이유가 고향이라고 했다. 짧은 커트머리에 갈색 눈동자가 예쁘기도 한 마갈리는 오자마자 별명이 막걸리가 되었다. 스물여섯이라는 나이가 무색할 만큼 어른스럽게 맡은 바 일을 척척 해내서 팀의 사랑을 독차지했다. 허름한 작업복에 용접용 마스크를 쓰고 '한 땀 한 땀' 작업 공정을 해나갈 때는 남성적인 매력이 물씬 묻어났지만 헬멧을 벗고 환하게 웃으면 귀여움이 묻어나는 똑 소리 나는 젊은 작가였다.

프랑스 작가 팀은 완벽하게 조화를 이루고 있었다. 설계와 논의도 셋이 나란히 앉아서 토론을 통해서 합의했고 공정도 정확하게 분야와 몫을 나누어 일했다. 쉬는 시간도 정확해서 오전과 오후에 약 20분씩 커피와 캔맥주로 가볍게 보냈다. 의외로 한국의 '파리바게뜨' 빵이 맛있다고 칭찬하기도 했다.

커다란 물고기 한 마리

한 달여의 작업 기간이 끝나고 프랑스 작가들이 돌아가야 할 시간이 가까웠다. 정해진 시간에 맞추어서 작업도 끝나가고 있었다. 조촐한 작품 개막식을 마련했다. 각계각층의 귀빈들이 참석해서 자리를 빛내주었다. 차를 모두 치운 골목은 무척이나 환하고 넓어 보여서 주민들 스스로 놀랐다.

"우리 골목이 이래 너리고 환한 줄 인자 알았네. 진작에 차를 뺄 거를 그랬다 아이가. 축구를 차도 되것다!"

프랑스 작가들이 빗자루를 메고 나선 작품 개막식의 콘셉트는 청소 퍼포먼스였다. 주민들과 공무원들, 복지관 일꾼들과 참여자 모두가 빗자루와 앞치마를 두르고 골목을 닦고 쓸면서 개막식을 시작하였다.

한 달여에 걸쳐 완성된 조각 작품, 2m에 달하는 크기의 '이중섭의 물고기'는 하얀 천을 벗기자 늦은 봄 햇살에 눈부시게 반짝거려 통영항의 푸른 바다 물빛과 단번에 어우러졌다. 놀랍도록 아름다운 거대한 물고기 한 마리가 거기 서 있었다. 이 골목이 식당가임을 감안하여 스테인리스 밥공기 뚜껑으로 만든 비늘은 더없이 멋졌다.

행사는 작가 환송식을 겸한 자리였다. 그날 밤늦도록 컨테이너 작업장이 내려다보이는 강구안 카페에 장 미셸이 혼자 앉아 있었다는 얘기는 나중에서야 들었다. 한 달여의 작업 기간, 이제 떠나면 언제 다시 올지 알 수 없는 공간을 마음속에 새겨두기라도 했을까.

프랑스에서 온 작가들은 유쾌한 프로였다.
맨 왼쪽 여인이 통역을 해주었던 김강 작가,
그 옆이 마갈리와 얄룩,
그리고 오른쪽 끝이 장 미셸이다.

강구안 골목의 초입을 알리는 이미지, 대형 물고기 조각 작품을 마치고 프랑스팀이 본국으로 돌아갔다. 다음날부터 현장은 더 바쁘게 돌아갔다. 의자와 화분, 태양광 가로등, 무엇보다 중요한 간판 바꾸기 작업을 한꺼번에 진행해야 했다. 분야별 담당 작가들이 모여서 기획회의를 계속했다. 좁은 컨테이너는 늘 만원이었다. 비좁은 공간에서 어깨를 나란히 하면서 아이디어를 짜내고 조율하는 일이 계속되었고 맡은 바 일들은 하나 둘씩 제 모양을 찾아가고 있었다.

간판을 바꾸는 일은 결코 쉽지 않았다. 상인들은 2~3m가 넘는 커다란 간판을 선호했다. 80여 개의 상가 중에서 폐업하거나 휴업 중인 곳을 제외하고 설득 끝에 제안에 동의한 집은 30여 곳에 불과했다. 첫술에 그 정도면 됐다고 생각하고 더 이상의 종용을 중단했다. 어차피 골목 마을 만들기도 삼사 년의 시간은 걸릴 터였다. 첫해에 그 정도면 만족할 만한 수치라고 생각했다. 거절하는 방법도 다양했는데 "지랄도 가지가지 한다"는 욕설이 뒤통수에 꽂히기도 했고, "더 크게 해도 모자랄 판국에 가뜩이나 손님도 없는데 간판 안 보여서 손님 떨어지면 책임질거냐"는 협박성 거절도 있었다. 끝끝내 작게 하거나 바꾸지 않고 오히려 몇 개 더 붙여서 볼썽사나워진 가게들도 있었다.

통영을 찾는 관광객들은 강구안 골목이 있는지조차 모른다. 동피랑에 들렀다가 중앙시장의 펄떡이는 생동감에 반하고 꿀빵이나 충무김밥을 사 먹기도 하지만 골목 안의 사정은 알려지지 않아 어둡다. 더러 길을 잘못 들어섰는지 강구안 골목을 방황하는 외지인이 보여서 그때마다 달려가서 실시한 것이 방문객 대상 설문 조사다. 총 191명이 응답했으니 줄기찬 설문조사가 아닐 수 없다. 주제는 간단명료했다. '이 골목을 다녀보니 어떠하더

이까?'하는 질문이다. 설문을 실시하던 때는 무더운 한여름. 설문지를 든 자원봉사자들은 얼음물 한 병으로 관광객의 응답을 유인하는 좀 치사한 방법을 썼지만 호응은 정말 좋았다. 결과는 예상대로 명료했다. 볼거리가 없다, 지저분하다, 낡고 어둡다, 젊은이들이 쉽게 먹을 음식이 없다, 비싸다, 불친절하다, 심심하다. 이 자료의 결과는 강구안 골목 주민들에게 미래의 골목상을 그릴 수 있는 수요자 중심의 의견 피력으로 어느 정도 파급 효과가 있을 것으로 기대했지만 정작 결과를 들은 주민들은 그럴 줄 알고 있었다는 듯 담담했다.

간판이 작아졌어요

강구안 골목 재생을 위한 여러 가지 프로그램 중 간판 교체 작업이 가장 오랜 시간을 끌었다. 크기가 삼분의 일 이하로 줄어드는 간판의 크기에 대해 놀라고 작가들이 직접 만든다는 데 신뢰가 없어 보였다. 내장 형광등을 모조리 제거한다는 것도 오랫동안 번쩍이는 커다란 재래식 간판에 적응해온 주민들에게는 적잖은 충격으로 다가왔을 터였다. 일단 해보고 판단하겠다는 주민들을 대상으로 우선 시작하기로 했다. 질투와 시기심을 유발해보자는 뜻이었는데 적잖은 성공을 거두어 훗날, 우리 집도 바꾸고 싶다는 가게들이 속속 나왔다.

지역에서 조각을 전공한 작가들은 이미 오래전에 전업을 하여 전혀 다른 일로 밥벌이를 하고 있었다. 설득 끝에 그들 중 몇몇이 함께하기로 했고 수도권에서 서너 명이 더 합류했다. 우선 해당 작가들과의 미팅을 통해서 몇 가지 원칙을 정했다. 대형 상업 간판을 떼고 작고 예쁜 친환경 미술 간판으로 교체하자는 것, 목재 등 친환경 소재로 견고하게 제작하여 지속성을 보장하여야 하고, 지역 문화를 반영한 작품 간판으로 제작하되 주인장의 마음에 들도록 배려할 것 등이었다.

제비뽑기로 작업할 가게를 정하고 작가가 주인을 직접 만나 간판 작업에 대해 제안하고 설명하는 방식을 택했다. 작가와 주민들이 직접 대면하는 것을 전제로 하자 작가들은 적잖이 긴장하는 눈빛이었다. 설득하다가 부딪히면 우리가 돕겠다, 우선 부딪혀보기 바란다고 말하며 등을 떠밀었다. 간판은 가게당 두 개씩으로 이마간판은 가로 100cm, 세로 50cm 이내, 돌출간판은 가로 60cm, 세로 60cm 이내, 입간판은 가로 50cm, 세로 100cm 이하로 한다는 기준을 세웠다.

초안을 본 주민들 중에서 난색을 표하는 곳도 있었고, 환영 일색인 곳도 있었다. 외에도 빈 벽이나 공간에 작은 부조 작품을 제작해서 심심하지 않게 배려했다. 저마다의 타고난 소질을 개발해서 다양한 작품들이 탄생했다. 간판 하나하나가 작품으로 환생했다. 커다란 대형 간판을 떼어낸 자국을 수선하고 그 자리에서 수거한 폐형광등을 한자리에 쌓자 거대한 산이 되었다. 조명은 에너지 소비가 훨씬 적고, 오래 쓸 수 있는 절전형 LED 전구를 사용한 외등으로 교체했다. 주민들은 저마다 자신의 간판이 더 멋지다고 자랑했다. 더러는 마음에 차지 않아 한숨을 쉬는 가게도 물론 있었다.

결코 쉽지 않은 주민 마음 채우기

마침내 바닥 교체작업을 시작하자 공사판이 된 골목은 민원의 온상지로 돌변했다. 아스팔트를 벗겨내는 공구의 진동으로 벽에 금이 갔다거나, 잠을 못자서 미치겠으니 당장 중단하라는 등 곳곳에서 난리가 났다. 하루는 강구안 컨테이너 사무실에 있는데 현장에 나갔던 조상현 복지사가 다급히 전화를 했다. 긴급 상황 발생. 나가보니 주민 한 사람이 웃통을 벗고 포클레인 삽날 앞에 드러누워 시위 중이었다. 그 남자의 여동생이라는 여성은 울고불고 소리쳤다. 사연인즉 공사를 하는 업체 직원과 말다툼이 있었는데 서로 욕설이 오가면서 사태가 커졌고, 동네 사람들도 구경을 나왔다. "욕설한 부분에서는 사실을 확인한 후 사과하도록 하겠습니다. 저들도 공사 기간에 맞춰서 일을 해야만 하는데 자꾸 공사가 지연되니 먹고 살기 힘들어서 그런 거 아니겠습니까? 이해해주세요" 하고 말하며 우선 그 여성을 달랬다. 그러나 오빠인 남자와의 대화는 잘 풀리지 않았다.

"우리 집 담벼락 좀 보소. 크러셔(쇄석기)로 저리 때리는데 우째 금이 안 가것소? 집이 다 뽀사질라 하는데 다 물어내고 원상복구 하소! 그라고 내가 낮에 잠을 자야 밤에 일을 하는 사람인데 시그러바서 잠을 몬 자것소! 밤에 작업을 하든가 해야지, 어데 사람을 잠도 몬 자거로 괴롭힌다 말이고. 이 개새끼들 내 손에 잽히모 마 콱 다 때려 쥑이삔다꼬!"

"예, 무슨 말씀인지 잘 알아듣겠습니다. 주무시는데 죄송합니다. 저 사람들도 다 먹고 살자고 하는 일인데 좀 봐주세요. 우선 화를 좀 가라앉히시고요. 저랑 얘기하시면 됩니다. 그리고 공사는 며칠만 참으면 금방 끝납니다. 누추하던 골목을 화사하게 새로 단장하면 아저씨네 가게도, 건물도 한결 좋아질 것이니 조금만 참아주세요. 건물 벽에 금 간 것은 확인하는 대로 다 보수해 드리겠습니다. 거듭 죄송합니다."

"안돼요. 누구 맘대로 우리 집 주변에 바닥 공사 하라캤소? 당장 때려 치아소!"

"아, 예. 잘 알겠습니다."

공사는 중단되었다. 현장 소장은 공기를 맞추기 어렵다고 울상이었으나 우선 다른 골목부터 하기로 했다. 다른 골목들이 다 완성되어 새로운 보도블록이 깔리도록 그 골목은 방치되어 있었다. 그러자 인접한 건물 주인이 난리가 났다. 건너편 집의 민원으로 인해 본의 아니게 손해를 보게 된 것이다. 그 근방만 누추하고 울퉁불퉁한 채로 놔둔다고 하니 걱정이 이만저만이 아니었다. 보다 못한 주민들이 설득에 나섰다. "너거 때문에 우리 집까지 손해 볼 수는 없다. 우리는 싹 걷어내고 새로 보도블록을 깔아야 한다. 이런 기회가 언제 다시 올지 모른다." 결국은 공사를 해달라는 부탁이 우회적으로 왔다. 내 딴에는 작전이었는데 보기 좋게 성공했다. 민원이 심한 집은 일단 피해가는 것이 좋다. 끝까지 동참하지 않겠다는 집은 생략한

채로 그대로 두는 것도 하나의 방법이다. 모두 일심동체가 되기란 공동체 살이에서 힘든 일이다. 아쉬운 것은 아쉬운 대로 포기하고 실패한 흔적은 그대로 안고 가겠다는 생각으로 하면 된다. 늦게 합류한 그 집은 의외로 공사기간 내내 조용했고, 벽에 금 간 것도 더 이상 말하지 않았다. 이후에는 오히려 주민들과 잘 지내는 좋은 이웃이 되었다.

골목에 찾아든
작지만 큰 변화

기획 시작부터 강구안 푸른 골목 만들기 프로젝트는 친환경, 녹색 마을 만들기가 중요한 과제였다. 보기 흉한 간판을 작가들의 예술 간판으로 바꾸고 길을 정비하는 등의 일들은 골목을 환하게 만드는 눈에 띄는 큰 요소였지만, 그것만으로는 부족했다. 지구에 더 가까워지는, 소소한 일상에 자연스레 스며드는 변화가 더 중요했다. 주민들의 마음에 닿는 작지만 중요한 변화를 위해 많은 전문가들이 함께했다.

작은 꽃밭들

바닥공사가 끝나자 화단과 의자를 본격적으로 설치하기 시작했다. 20여 개의 화단은 꽃밭 형태와 화분 형태 두 가지로 나뉘었다. 주거니 받거니 하는 아름다운 문화는 존중되어야 하는 법. 힘든 결정을 해준 상가에 먼저 화분을 배분하였다. 화단 제공은 사실 하나의 상품이나 마찬가지의 의미였으므로 무작정 원하는 대로 배분할 수는 없었다. 다만 간판도 가로등도 아무것도 없는 공간에는 의도적으로 한두 개의 화분을 놓았다. 그런데 또 시끄러워지기 시작했다. 간판도 안 갈겠다, 골목 재생 사업에 동참도 하기 싫다던 몇몇 상가들이 화단과 화분은 달라는 것이었다. 왜 우리 집은 안 주느냐고 난리다. 이럴 때 화가 난다. 염치없는 요구라고 생각되고 부아가 슬슬 치민다. '이러시면 안 됩니다' 한마디쯤 하고 싶지만 앞으로도 할 일이 태산 같으므로 그런 말조차도 못 하는 입장이 한심하다. 아무 말도 안 하고 못 들은 척 하지만 일이 끝나기가 무섭게 소맥이라도 한두 잔 들이켜야 호흡이 정상이 된다. 이래저래 술만 늘었다.

빗물저장용 항아리와 태양빛을 품은 가로등

"자기 가게 옆에 만들어진 화분은 내 것처럼 관리해주셔야 합니다. 이 화분은 이제 이 집의 것입니다. 잘해주실 거지요?"

화분 곁에 옥상에서 떨어지는 우수관을 잘라 그 아래 항아리를 놓았다. 일부러 물을 줘가며 가꾸는 집들도 있지만 물 주기 어려운 가게들도 있어 빗물을 받아두었다가 화분에 주라는 의미였다. 도심에 쏟아지는 빗물의 재활용에 대한 제안이기도 했다. 항아리는 옮겨놓은 다음날 두 개가 없어졌다. 예상했던 것보다 훨씬 빨랐다. 부랴부랴 '빗물 저수조'라고 써 붙였는데 또 하나가 없어졌다. 꽤나 무거운 항아리인데 물을 쏟아버리고 이것을 안고 뒤뚱뒤뚱 줄달음질을 쳤을 '범인'의 그 수고로움을 생각하니 웃음이 먼저 나왔다. 두 개를 더 보충했지만 없어지는 공간은 또 없어져서 포기했다. 시멘트로 된 육중한 물 항아리라도 주문 제작 해야겠다고 생각했다.

어느 가게에서는 착실하게 화분을 관리하는 곳도 있다. 물을 뜨는 바가지까지 매달고 뚜껑도 만들어서 화단 물 주기용으로 잘 사용하고 있는 곳도 있다. 옥상에서 고였다가 바닥으로 스며들어 하수구로 빠져나가는 빗물은 도심지에서 재활용할 만한 소중한 자원이다. 청소용이나 화단용으로 충분한, 버리기는 아까운 자원인 것이다.

그냥 흘려버리기에 아까운 것은 빗물만이 아니었다. 내리쬐는 햇빛 역시 모으면 든든한 자원이다.

"밤이 되모 어둡어서 몬 댕긴다 아이가. 이 골목이 한때는 밤에 불야성이 되어서 붐비던 때도 있었는데 불 꺼진 지가 애북 오래됐다. 아홉 시나 되모 식당들이 모두 영업을 마치니까 컴컴해서 영 댕기기가 무섭아. 그랑께나 술 챈 사나들이 골목에 들와서 오줌이나 싸고 오바이트나 하고 그라제. 아침에 나오마 더럽어서 청소부터 먼저 해야 한다 아이가. 제발 골목이 좀 환하고 밝으모 을매나 좋것노?"

가로등이 거의 없는 골목은 밤이 되면 으슥하고 을씨년스러웠다. 개인

상가에서 공공의 가로등을 켜기에는 전기료가 문제다. 태양광 가로등이 대안이었다. 밤에 골목을 조사했다. 특히 어두운 사각지대가 여러 곳 있었다. 골목지도에 표시를 하고 태양광 업체를 불러서 위치를 정했다. 문제는 건물 주인을 설득하는 일이었다. 꼭 설치했으면 하는 건물 중에서 두 집이 반대했다. 이유는 없었다. 옥상에다가 철 구조물을 설치하면 옥상이 내려앉을까 하는 걱정이었다. 아주 작은 패널을 얹을 것이기 때문에 걱정을 안 해도 된다고 해도 싫다는 데는 어쩔 수 없었다. 옮기고 또 옮기고 겨우겨우 열 개의 가로등을 설치하였다. 일반 백열등 가로등처럼 환하게 빛나지는 않지만 일조량, 밝기, 흐린 날짜를 계산하였으므로 비교적 밝게 빛난다. 골목의 가로등은 낮의 햇빛이 만든 밤의 빛이다.

바다에서 온 의자

강구안 골목 중간중간에 간간히 놓아둔 의자는 배려의 공간이다. 식사를 하고 나서는 손님들이 삼삼오오 앉아서 담소도 나누고, 지나는 행인들이 다리품을 쉬어가기도 하는 곳이다. 의자 하나 없는 길은 어딘지 야박하다. 그저 지나는 통로로만 사용하는 공간은 온기가 없고 머물기도 싫어지지만 의자가 있고 잠시나마 눈길을 머물게 하는 작은 화단이 있으면, 게다가 작품으로 매달린 예쁜 간판들을 보게 되면 조금은 흐뭇하고 살짝 즐거워진다. 그게 사람 마음이다.

강구안 나무 의자는 재활용의 아름다움을 제대로 보여준다. 사용한 나무는 바다에서 소금물에 오랫동안 적셔진 '아비동'이라 불리는 뗏목용 목재다. 이 나무들은 연대도에서 왔다. 푸른통영21 위원이자 동네 건축가인 강용상 씨의 작품이다. 구상부터가 독특했다. 골목 재생 초기 기획 당시부터 그는 재료를 고민했던 모양이다. 흔한 목재를 대신할 '스토리텔링'이 있는 의자를 만들고 싶어 했다. 태풍에 쓸려서 해변에 방치된 목재를 구한다기에 가까운 섬에 연락을 했다. "그런 것이 더러 있다"는 소식을 듣자마자

그와 나는 섬으로 가는 배를 타고 있었다. 자재를 확인하고 "곧 가져가겠다. 보관 바란다"는 약속을 하고서도 수개월이 지나서야 섬에서 뭍으로 수거해올 수 있었다. 바닥 공사가 차일피일 미루어져서 그의 작업도 덩달아 미뤄졌으니 그간의 마음고생도 많았을 터였다. 본래의 용도를 잃고 바다에 떠밀려 다니며 소금기에 잔뜩 절여진 나무는 백 년 정도는 끄떡없이 썩지 않을 방부목이 되어 있었다. 처음 제작한 나무 의자를 본 주민이 혀를 끌끌 찼다.

"보자보자 하이께 인제 으자도 다 썩어빠진 나무로 맹글었네!"

"썩은 나무가 아니고요, 폐목재를 재활용한 것인데 더 오래가고 질감도 좋습니다."

"내 눈에는 당장이라도 내리앉을 것 같구마는! 겁이 나서 어데 궁디이 디리대고 앉겄나? 돈은 어데다가 다 처바리고 으자는 써그무리한 거로 맹글고. 자알 하는 짓이다!"

말에 상처받으면 안 된다. 일을 못한다. 입에서 나오는 대로 말해도 되는 그 사람은 스트레스도 풀고 얼마나 기분이 째지게 좋을 것인가. 이럴 때는 귀머거리가 되어서 못 들은 척 하거나 청력이 정상이어서 재수 없게 들려도 소음이거니 하고 접어야 한다. 그런 말들이야 부지기수로 듣는다. 더한 모욕도 많다. 활동가라면 무심코 내뱉은 말에 일일이 상처받을 만큼 심장이 말랑말랑해서는 안 된다. 그래도, 그럼에도 불구하고 은근히 스트레스 받는다. 저절로 안겨온다. 아, 이런 거 받기 싫다니까!

화가가 그린 강구안 골목 지도

마을 만들기 일을 할 때 가장 힘 빠지게 하는 것이 사람이라면 가장 힘이 되는 것 역시 사람이다. 강구안 한편에 위치한 컨테이너에는 많은 작가들이 다녀갔다. 안부 차 혹은 여행 차 들렀다가 잡히는 경우도 허다했다. 미술 관련한 경력이 뭔가 나오면 의견을 묻고 찰거머리처럼 들러붙어 무

엇이든 얻어내려고 했다. 자금도 능력도 부족하니 자동으로 발굴한 '소맷
자락 붙잡고 늘어지기' 능력이다. 화가 정정엽 작가도 그중 한 명이다. 일
찌감치 전시회도 하고 책을 낸 적도 있는 중견작가인 그는 강구안 작업실
에 우연히 들렀다가 붙들려서 강구안 골목 지도를 손으로 그리게 됐다. 볼
수록 아름답고 정겨운 그림이다. 이 그림지도는 강구안을 상징하는 물고기
내부의 도서함에 자주 놓여진다. 골목의 상가들이 빼곡히 적혀 있고 찾기
쉽게 디자인했다.

통영 강구안 푸른 골목 만들기

여러 작가들이 가게의 이야기를 직접 듣고
만든 간판들을 둘러보는 것만으로도
골목을 걸을 가치가 충분하다.

빠르게 변하는 도시에서
마을 만들기가 성공적으로 이뤄지려면
무엇보다 주민들의 마음을 잘 모아야 한다.

골목에 꽃 화분을 놓고
빗물 항아리를 놓았던 것은
주민들의 참여에 대한
기대와 믿음 때문이었다.

강구안 골목 안
주민여러분께 드리는
네 번째 편지

진달래가 피고 개나리가 벙그는 따뜻한 봄날이 다가오고 있습니다. 우리 강구안에도 풍성한 새봄이 오기를 간절히 기원합니다.

지금 강구안은 작년과 비교해 다소 환하게 달라졌습니다. 그러나 여전히 자고 나면 쓰레기가 버려져 있고, 때로 화분의 꽃을 도둑맞기도 하고, 빗물 항아리를 잃어버리기도 합니다. 또 아무리 주차 금지를 호소해도 끝끝내 골목 입구를 막는 주차도 끊이지 않고 있습니다. 시간이 좀 걸리는 문제라고 봅니다. 다른 도시의 차 없는 거리도 우여곡절을 겪었다는 것을 듣고 있습니다만, 우리 강구안은 이 정도면 시민들 협조도 잘 이루어지고 있다고 평가합니다. 부디 자기 집 앞의 화분은 해당 가게의 화분이니 주인장께서 물도 주고, 담배꽁초도 치워주시고 잘 가꾸어 주실 것을 당부 드립니다. 또 '내 집 앞 내가 쓸기', '이웃집 앞도 쓸어주기'를 실천해서 서로 아끼는 좋은 마음들이 꽃처럼 피어나기를 기대합니다.

이제 우리는 첫해 사업(간판 교체 등등)을 끝내고 후속 조치로 내용을 채워가려 합니다. 강구안 골목 주민들이 애정을 가지고 너 나 없이 서로 사랑하고 아끼는 공간이 되었으면 합니다. 그 형태가 반상회여도 좋고 골목 주민회의여도 좋습니다. 마을 공동체 가족들이 한자리에 모여서 머리를 맞대고 앞으로 이 골목을 어떻게 활성화시켜 나갈 것인지를 고민했으면 합니다.

오는 3월 20일 목요일 오후 3시에 아름다운가게 2층에서 함께 만났으면 합니다. 많이 참석하셔서 우리 골목 상권 활성화를 위해 마음을 모아주십시오. 고맙습니다.

푸른통영21 / 통영시 종합사회복지관 올림

회의에 잘 나오지 않는 가구가 많아서 두 번째 방문 설문 조사를 실행하였다. 지금도 찾아가서 말이라도 건네면 짜증을 내는 상가가 있다. 왜 그러는지는 잘 모르겠다. 밥 팔아주는 사람 외에는 다 귀찮은 잡상인으로 여겨질 수도 있나 보다. 그래도 설문에 참여한 주민들은 프로젝트의 진행에 대해 긍정적인 반응이었다. 함께할 수 있는 일, 참여할 수 있는 일이 있어서 좋다는 의견도 있었다. 앞으로의 일들을 더 기대한다는 말을 들으니 공허한 메아리가 아니라 어딘가에는 마음이 가닿고 있는 것 같아 다행이라는 생각과 함께 또 하루하루를 버틸 힘이 생겼다.

함께 배움, 우리 마을 알아보기

초여름부터 주민들과의 소통 방식을 공부로 방향을 바꾸었다. 첫 번째 주제로 통영 강구안의 역사와 과거에 대해 알아보는 시간을 가졌다. 향토사학자이자 이제는 통영문화원 원장이 된 김일룡 선생님이 기꺼이 시간을 내주었다. 주민은 열두 명이 참여했다. 예상 대로 참여는 저조했다. 하지만 시작이야 서너 명이어도 좋다. 문제는 참가한다는 것이다. 선생의 오랜 경험과 축적된 자료를 바탕으로 한 우리 동네 역사 이야기는 새롭고 신선했다. 강구안의 옛 사진들을 보면서 탄성이 흘러나오기도 했다. 교육 등 주민을 대상으로 하는 무언가를 하면 어떠했는지 꼭 모니터링을 한다. 이후에 보완할 점은 무엇인지, 주민들에게 우리 의도가 얼마나 전해졌는지 확인해야 한다.

"부산에서 살다가 와서 지금 통영에 살고 있지만, 강구안에 대해서는 잘 몰랐어요. 근데 일제강점기부터 이 지역이 어떠했는지 들으니 머릿속으로 정리가 되고 감이 잡히는 것 같아 좋았습니다."

"나도 강구안에 산 지 진짜 오래됐지? 옛날 이야기 들으니까 옛날 생각도 나고, 사진관을 하다보니까 옛날 사진들 보니까 신기하고 재밌네. 그리고 나름대로 전문적인 용어를 써가면서 교육을 들으니까 좋긴 좋네."

교육에 대한 반응도 긍정적이었지만 무엇보다 자주 이런 시간을 갖자는 주민의 말에 심하게 고무된 날이었다.

함께 가요, 선진지 견학

'마을 만들기가 머꼬?' 배워야 한다. 이끄는 우리도 늘 공부해야 하지만 주민들도 습득과 이해 없이는 '함께 걸음'이 더디다. 여행은 그 기간이 반나절이든 며칠이든 함께 움직인다는 측면에서 적극 고려 대상이다. 더군다나 골목 상인들은 대부분 데면데면한 상태의 관계를 유지하고 있어 대화가 아쉽다. 함께 우리 동네의 익숙함을 떠나 다른 곳, 다른 환경으로 공간 이동을 해 보는 것이다. '함께 무엇을 한다'는 의미와 새로운 것을 '학습한다'는 두 가지를 건질 수 있다.

첫 여행길이라 마산의 창동과 부산의 남포동 걷는 거리를 선택했다. 우리의 간절함이 약했는지 참여 인원은 여전히 저조했다. 큰 버스에 열한 명의 주민과 세 명의 활동가가 동참했다. 갈 때도 주민들끼리 투덕거림이 좀 있었고, 삐쳐서 혼자 앉은 사람도 있었지만 뭐, 이 정도면 양호한 여행이었다. 꼼꼼하게 둘러보고 차분하게 듣고 관찰하는 주민들이 더 많았으므로 이날도 보람찬 마음으로 돌아왔다.

돌아오는 차 속에서 각자의 소감을 발표하는 자리가 있었다. 활동가들이 함께한 자리였으므로 덕담이 더 많았다.

"이번 선진지 견학을 통해 눈으로 보고 경험하니 작은 간판에 대한 선입견을 조금은 긍정적으로 생각할 수 있는 시간이 되었고요, 현지 주민분의 안내와 설명을 통해 골목 만들기에 대한 인식을 새로이 하는 계기가 되었습니다." "많은 주민이 참여하지 않아 주민으로써 좀 부끄럽기도 하고 아쉽긴 했으나 참여했던 주민들끼리는 화합할 수 있는 시간이 마련되어 좋았습니다."

11

가게 자랑,
스토리텔링 간판

추운 늦가을 어느 날, 우리는 다시 가가호호 가게 방문을 시작했다. 가게의 이야기를 소개할 인터뷰가 필요했던 것. 손님이 많은 가게는 뒤로 미루고, 우선 한가한 가게를 먼저 찾아가 질문하고 대답을 듣고 기록했다. 어떤 집은 여전히 친절했고 어떤 집은 여전히 귀찮아했다. 묻는 나도 쑥스럽기는 마찬가지, 무뚝뚝한 것을 무슨 자랑거리로 아는 경상도 특유의 단답형 대답에 적을 것이 없어서 적잖이 당혹스러웠다. 아예 몇 가지 질문거리를 요약해서 순서대로 묻고 답을 들었다. 이를 바탕으로 이야기가 있는 작은 간판을 하나씩 붙일 계획이었다. 이는 연대도에도 적용했던 작업인데, 방문한 사람들의 반응이 무척 좋았다. 골목에 사는 사람과 직접 부대끼지 않아도 사람 냄새를 느낄 수 있게 하는 작지만 의미 있는 요소다. 골목 사람들도 스스로의 가게에 대해 더 자부심을 느끼게 하는 요소이기도 해서 대답은 무뚝뚝하게 하던 사람들도 막상 스토리텔링 간판을 걸고 나면 은근히 좋아하는 기색이었다. 그중 몇 가지를 소개한다.

이중섭 식당
통영산 신선한 해물이 어우러진 맛

통영에서 2년여 살면서 귀한 그림을 그렸던 이중섭 화가를 생각하는 간판이 있는 식당입니다. 이중섭은 황소를 비롯한 유명한 작품들 대부분을 통영에서 그렸습니다. 사실 주인장은 이중섭 화가와는 잘 모르는 사이입니다. 식당 주인 조학선 님은 '새섬'이라 부르는 학림도에서 태어났어요. 포장마차를 시작으로 줄곧 음식장사를 했지요. 다른 음식도 자신 있지만 특히 해물탕은 통영산 어패류만 고집하기 때문에 신선하고 맛있습니다.

젤 힘들 때는 물론 손님 없을 때고요, 기쁠 때는 손님들이 맛있다고 인사할 때, 노래방에서 애창곡은 이미자의 동백아가씨랍니다.

베네치아
차와 음악과 책 그리고 수다

이 건물에서 태어나고 자란 미모의 주인 천화진 씨가 운영하는 카페입니다. 여성 전용이지만 만취하지 않은 남성 손님도 가끔은 받긴 합니다. 운영 콘셉트는 '내 집처럼 편안하게', 책과 음악, 차를 위주로 합니다. 손님들은 주로 오래된 골수팬들이 대부분이고, 퇴근 후 그야말로 휴식과 힐링이 필요한 직장여성의 안식처입니다. 운영철학은 '스트레스는 반사', '주인이 왕이다', '나 자신을 믿는다' 입니다. 한때 이 거리가 통영의 비벌리힐즈였는데 많이 한가해졌다고, 다시금 활기찬 거리가 되기를 희망한다는군요.

원조통영돼지국밥
70년간 이어진 진짜 원조의 참맛

부모님으로부터 지금까지 이어진 70년 된 돼지국밥집. 당연히 수십 년 된 단골손님들도 많습니다. 지금도 가족들이 모여서 운영합니다. 이렇게 이어지기까지 최고의 국산 식재료와 서비스로 정성을 다한 덕분이라고 합니다. 오래전 버스터미널이 이 근처에 있던 시절부터 배고픈 손님들의 허기를 달래주던 오래된 식당입니다. 그때는 더욱 손님이 바글바글해서 죽은 아부지가 찾아와도 인사할 시간조차 없었다고 합니다. 주인장 김순옥 여사는 이 일을 '천직'이라고 생각한답니다. 쉬는 날에는 건강을 위해 산에 오르고 여행을 즐겨 다닙니다. 얼굴에 느긋하고 행복하게 사는 모습이 진한 국물 맛처럼 배어 있습니다.

스케치
멋 좀 안다는 뽄쟁이들의 단골집

유리창 너머로 전시된 옷들이 세련되고 예뻐서 굳이 사지 않아도 한참동안 기웃거리게 되는 옷가게입니다. 통영에는 멋쟁이들이 많은데 스케치 옷가게의 매니아들도 꽤 됩니다. 뽄쟁이들이 한번쯤 거쳐 가게 되는 코디네이터이기도 합니다. 옷을 좋아해서 옷가게를 하게 되었다는 주인장 유현영 님 자체가 아름다운 콘셉트입니다. 즐겨 부르는 애창곡은 소리사랑의 '님에게'. 첨 들어보는 노래라고요? 이참에 한번 시도를!

창작누비
화가의 아내가 운영하는 누비집

통영의 보물로 나전칠기, 소목장, 옻칠, 누비 등을 손에 꼽습니다. 이곳은 얼굴도 고우신 정미자 님이 운영하는, 이름 그대로 누비를 작품으로 창작하는 공간입니다. '누비'란 말은 두 겹의 옷감 사이에 솜을 넣고 줄줄이 홈질하는 바느질을 말합니다. 옷감을 고르고 디자인을 생각하고 한 땀 한 땀 정성을 다해 만든 작품들로 가득합니다. 30년 이상 된 전문가입니다. 예전에는 격이 높은 누비가 혼수의 필수 품목이었지요. 누비가방이나 누비이불은 지금도 어른들부터 젊은 층까지 여전히 인기 높은 선물입니다. 참, 가게에 걸린 그림들은 화가인 남편께서 그린 작품들이랍니다.

대장간
45년 묵은 대장간. 호미, 괭이, 낫, 회칼도 맹급니다

경상도 말로는 성냥간이라고 부릅니다. 자그마치 55년 된 대장간으로 중앙시장 입구에 있다가 얼마 전에 이곳으로 옮겼습니다. 통영의 외곽지역 특히 섬주민들의 일손을 돕습니다. 때문에 단골손님들이 아주 많습니다. 봄 오기 전 밭을 고를 호미와 낫, 갯것을 채취하기 위한 맨손 어업용 연장을 주로 만듭니다. 주인장 이평갑 님은 친척의 소개로 열일곱 살 때부터 대장간 일을 시작했는데 '밥은 안 굶겠다' 싶어서 시작한 일이 평생 직장이 되었답니다. 불매가 신식이 되기 전에는 일일이 손으로 작업을 해서 손등이 터져 피가 자주 나고 고생이 많았다고 합니다. 그래도 이 일로 아이들 셋, 잘 키워서 시집 장가 다 보냈습니다. 가장 보람 있을 때는 새로운 도구를 만들 때, 가장 행복할 때는 해거름 일을 마치고 남은 불씨에 생선 몇 마리 구워서 근처 지인들과 소주 한잔 할 때라고 합니다.

강구안
골목으로 찾아든 백석

낡은 벽들은 어찌 보면 그 자체도 어여쁘다. 더께더께 발라진 페인트의 속살이 너덜거리는 멋도 나쁘지는 않다. 바닥 교체 공사도 끝나고 화분이 놓인 골목은 나름 운치를 더해갔지만 어딘지 허전한 벽, 벽들이 문제였다. 작가들이 남는 시간과 공력을 더해 제작한 작은 부조작품들도 혼자 붙어있으니 멋쩍어하는 듯하다. 천천히 걸으면서 산책하듯 다닐 수 있는 골목이도록 해야 하는데 무엇이 좋을까.

통영 출신의 대가들 박경리, 김춘수, 유치환, 김상옥의 시집들을 다시 읽어보는 저녁이었다. 통영 어느 곳이든 빛낼 수 있는 아름다운 시인들의 시를 보다가 문득 이 거리는 지역 시민들보다는 통영을 사랑하는 방문객들이 더 즐겨 찾는 관광문화 1번지 근처라는 생각에 이르렀다. 동선을 연결해서 동피랑을 찾는 하루 삼천 명의 삼분의 일이라도, 아니 십분의 일이라도 이 골목에 찾아들어 지역 사회의 경제를 부흥시키는 데 일조하자는 것이 처음의 계획이었으므로 통영을 사랑한, 통영에 연인을 두었던 시인 '백석'을 선택하기로 했다. 백석 시전집을 다시 구입, 찬찬히 읽고 그중 스무 편을 선택했다. 물론 '통영'과 바다 내음이 배인 다섯 편의 시를 먼저 골랐다. 그 외에도 걸작으로 회자되는 시들을 서체를 고르고 골라서 제작 부착하였다.

남쪽 바닷가 어떤 낡은 항구의 처녀 하나를 나는 좋아 하였습니다. 머리가 까맣고 눈이 크고 코가 높고 목이 패고 키가 호리낭창 하였습니다. – 백석의 산문 〈편지〉 중 강구안 골목에 백석의 시가 늘어서자 어디선가 또 험한 소리가 들려오기 시작했다. 지역 출신의 유명한 시인들도 많은데 왜 백석이냐, 듣기로는 개인적으로 좋아한다는데 그래서 그런 것이냐. 말을 말자, 말을 말자. 속으로 삭힌다.

백석, 이중섭 등 많은 예술가들이
통영을 찾았다가 그 아름다움에 반했다.
일을 하는 내내 강구안 골목길에 그들과 같은 사람들이
더 많이 찾기를 바라는 마음이었다.

13 　주민과 함께하는 보고회
　　　그리고 또 다른 시작

　　예정된 시간과 빠듯한 돈으로 기획했던 대부분을 마치고 새해가 밝았
다. 주민들과 관계자들을 모시고 이렇게 저렇게 하였다는 보고회를 준비했
다. 연말에 해야 하는데 모두들 바쁜 관계로 2월의 금요일로 날을 잡았다.
다행히 해님도 부조를 해서 멀리서도 일조량을 충분히 보태주었다. 장소는
강구안 골목 안 사거리 항남유리점 앞으로 정했다.

　　1년여에 걸친 사업보고회의 주요 콘셉트는 '주민들이 여는 맛 자랑 대
회'였다. 사전 섭외 결과, "안 할끼다"는 몇몇 가게를 제외하고 뜻밖에 많
은 식당들이 무료로 맛있는 음식을 참석자들에게 제공하겠다고 나섰다.

　　차가 치워진 골목을 따라 탁자에 흰 테이블보를 씌워 일렬로 길게 놓
았다. 그 위에는 각 식당에서 즐거이 만들어낸 음식들이 자랑스럽게 놓였
다. 풍년식당의 명물 장어구이, 산양식당의 쫀득한 떡, 미락의 얼큰한 해물
찜, 까치식당의 매콤한 갈치조림, 통영빼때기죽의 달콤한 죽, 꽃길식당의
쫄깃한 낙지구이, 이중섭식당의 입맛 도는 물메기찜, 새집식당의 시원한
음료, 나들목식당의 구수한 갈비찜, 충무식당의 푸짐한 대구뽈찜까지, 안
먹어도 배가 부른 흐뭇한 풍경이었다. 모여든 사람들 모두 '멋진 보고회'라
며 입안 가득 음식을 채웠다.

후속편 '프리마켓'
　　미술 간판, 태양광 가로등, 백석 시화, 물고기 조각, 부조, 꽃밭, 물 항
아리, 의자와 쉼터, 스토리텔링 간판, 바닥 공사, 골목 지도 작업에 이르는
긴 여정이 일단락되었다. 보고회를 마쳤다고 해서, 예산에 따른 물리적인
사업들이 끝났다고 해서 모든 게 끝난 것은 아니다. 정작 이제부터의 사후

관리가 더 중요하다. 컨테이너를 철거하고 현장사무소도 사라졌지만 사업 파트너였던 통영시종합사회복지관, 푸른통영21의 회의는 계속되었다. 그 과정에서 탄생한 것이 주말 '프리마켓'이었다. 골목이 새롭게 변신한 내용을 홍보하고, 맛있는 먹거리 집이 많다는 것도 알리고 사람도 끌어들이자는 계획이었다.

통영에는 상설 벼룩시장이 없던 터라 초반부터 적잖은 호응이 있었다. 신청을 받을 때도 운영을 할 때도 가장 먼저 골목 상인들을 배려해야 한다. 자칫 마찰을 일으킬 수 있는 먹거리 판매 등은 신청 접수를 받지 않았다. 집에서 뒹구는 여분의 물품들, 안 보는 책들, 헌옷들이나 기념품들, 수제 액세서리 등이 많이 나왔다. 그날 좌판을 열어서 번 돈으로 옆 좌판에서 필요했던 물건을 사게 되니 그 자리에서 돈이 돌고 돌았다. 누가 많이 파느냐하는 관심보다 이번 장에는 무엇이 나왔는지 구경하는 재미가 쏠쏠했다. 프리마켓은 격주로 진행 중이다. 탁자와 파라솔을 옮겨와 접었다, 폈다 하기를 거듭하는 중차대한 일부터 사전 접수와 공지사항 전달 등 온갖 복잡한 업무를 젊디젊은 조상현 복지사가 맡았다. 중간중간 공연도 있어서 볼거리 들을거리가 있는 프리마켓은 여전히 성업 중이다.

주민 자치의 시작

소통회의도 빼놓을 수 없는 중요한 일이다. 한 달에 한 번 여는 주민회의도 계속하고 있다. 근처 다방에서 열던 회의를 아예 골목 안으로 옮겼다. 혼자 가게를 운영하는 주인들을 배려하기 위해서다. 프리마켓용 탁자와 의자를 붙여놓고 여는 노상회의는 오가는 사람들과 인사하면서 진행한다. 회의 도중에 전화벨이 울리면 달려갔다 오기도 한다. 참여하는 사람들만 참여하는 상황은 여전하다. 건너편 골목 상인이 지나가길래 회의하러 오시라했더니 "안 갈란다!" 냅다 화를 내기도 한다.

열한 번째 회의 날, 마침내 골목 주민대표와 총무를 선출했다. 처음으로 골목 공동체의 대표단이 구성된 것이다. 이날, 회의 개최 문자를 보내면서 '참석 안 하시는 분 가운데서 선출하겠습니다'라고 했다. 대표단 뽑는 줄 알고 참석 안 한 주민 가운데 골목의 터줏대감 중 한 분인 '캐논사진관' 어머님이 만장일치로 선출되었다. 성격이 괄괄하시고 화통한 편인 어머니는 필름을 현상하던 옛 시절부터 사진관을 운영해 지금은 디지털카메라로 찍어서 보정하는 일까지 척척 하시는 멋쟁이다. 의리도 있어서 궂은일을 보고 그냥 지나치는 법이 없다. 지금도 아침마다 골목을 쓰는 일은 어머니 몫이다. 마을 일을 할 때 이런 분을 만나면 없던 기운도 솟는다. 총무는 마을에 새로 들어온 주민 '하이브게스트하우스' 젊은이가 맡기로 했다. 마을 신문을 만들자는 합의도 했고 편집장으로 일할 친구도 뽑았다.

골목이 많이 깔끔해졌다는 소리를 듣는다. 몇 군데 언론에서도 대문짝 만하게 기사를 써주었다. 고맙다는 전화도, 문자 한 통도 못 보냈다. 귀찮 다고 자꾸 생략하다보면 '싸가지'없는 사람이 된다. 귀찮은 일을 좋아해야 마을 활동가가 될 수 있는데 어느새 살살 귀차니즘과 자만이 생기는 건 아 닌지 반성모드다.

호사다마라고 강구안 골목에 도둑이 생겼다. 화단의 꽃을 수시로 뽑아 가고, 물 항아리를 훔쳐가더니 작가가 만든 목마가 사라지는 일이 생겼다. 든든한 목재로 만들어 무게가 80kg에 가까운 의자용 목마다. 누군가 잽싸 게 볼트와 너트를 해체하고 1톤 트럭을 이용해서 순식간에 싣고 갔단다. 낮잠을 즐기던 옆집 가게 주인은 주최 측인 우리가 수선할 모양으로 싣고 가나보다 하고 계속 오수를 즐기셨단다.

골목은 한바탕 소란스러워졌다. 누가 그 목마를 치우라고 난리를 치더 니 기어코 없애려고 가져갔다. 자기 집 앞에 의자가 놓이는 것을 극구 반대 한 사람의 짓이다. 심증은 있는데 물증이 없다. 다들 수사관이 되어 목마를 찾아 헤매고 있었다.

'목마를 찾습니다' 현상수배 문구를 부착하고 기다렸다. 제자리에 갖 다 놓기를 호소했는데 골목에 소문만 무성할 뿐 목마는 제자리로 돌아올 기미가 없었다. 주민들과 논의 끝에 경찰에 연락을 했지만 한두 번 사람들 에게 묻고 다니다가 사건은 마무리 되었다. 인심 사나운 일이 연거푸 일어 나 어찌해야 할지 고민을 계속했다. 그 와중에 어떤 가게 주인이 주최 측인 우리 사무실과 복지관에 들이닥치는 일이 발생했다. 입에 담지도 못할 모 욕을 퍼붓고 갔다고 한다. 조상현 복지사가 어안이 벙벙해서 말문을 잃고 있었다. "마을 일 하다보면 그런 일 수두룩하니 그냥 웃고 넘기자"고 말은 했지만 적잖이 괘씸해서 그쪽은 쳐다보기조차 싫어졌다.

결국 나무 의자까지 없어지자, 분위기가 사뭇 어수선해졌고 심지어 싸움까지 일어났다. 대략 난감한 일이었다. 내년에는 반드시 시에 요구해서 감시카메라를 달아야 한다는 여론이 득세했다.

15 첫 소풍의 추억

프리마켓 운영으로 5천 원씩 걷은 자릿세가 어느 정도 모인 9월의 어느 일요일, 처음으로 강구안 주민들과 단체 소풍을 갔다. 서로 서먹서먹하던 주민들과 하루 동안의 여행이었지만 함께 같은 배를 타고 지낸다는 시간의 공유가 주는 의미는 언제나 크다. 없던 정이라도 나누고 반갑게 웃다 보면 자잘한 의심과 거리는 한순간 좁혀지기도 하는 것. 이웃이라는 지역 공동체를 각인하는 자리이기를 기원하는 뜻 있는 소풍이었다. 다시 연애편지를 집집마다 보내고 '물고기' 조각상 앞에서 기다렸지만 참석한 주민은 열다섯 명. 커다란 버스를 대절할까 했는데 역시나 오실 분들만 왔다. 조금도 서운하지 않았다. 다음에는 더 많이 오시겠지.

배를 타고 연대도에 도착해서 섬 아낙이 정성껏 차려주는 맛있는 섬 밥상으로 점심을 먹고 앞서거니 뒤서거니 "쌔기 오소", "천천히 가입시다" 지겟길을 걸었다.

두 시간여 걸리는 지겟길의 도착 지점은 에코체험센터 운동장. 미리 준비한 '친밀하기 몸 운동' 프로그램을 조갑자 초록 선생님의 진행으로 시작하였다. 서로 칭찬하기, 손뼉치고 노래하며 수건 돌리기, 사랑합니다 고백하기 등의 몸 놀이를 진행하자 웃음보가 터지고 자연스럽게 악수하고 토닥토닥 서로의 등을 쓰다듬는 기회가 주어졌다. 돌아오는 차 속의 분위기는 예전의 그것과는 사뭇 다름을 느낄 수 있었다. 질 좋은 소풍이었다. 한 달에 한 번씩 가자는 얘기도 나왔다.

끝없는 손길이 필요한 마을 만들기

누군가 꾸준히 꽃을 뽑아가는 화단에는 틈틈이 꽃을 보강했다. 화분에 던져진 고리대금업자들의 명함과, 담배꽁초, 일회용 컵들을 주워내다 보면 가게 문을 빼꼼히 열고 미안한 얼굴로 "다음에는 우리가 관리할게"라는 주민도 있었지만. "쓸데없이 관리도 안 하는데 화분은 뭣하러 맹글어 주느냐"고 핀잔하는 가게도 있었다. 꽃 대신 풋고추를 심어놓는 가게도 있었고, 물을 주지 않아 식물들이 말라죽는데도 내다보지 않는 곳도 있었다. 서운함을 티 내면 무심함에 지는 거다. 무관심을 관심으로 돌리는 것이 우리의 목적이다. 다시금 꽃을 사다 빈 화분에 심고 또 심었다. 만난 적 없는 꽃 도둑이 어느 날 자기 손으로 골목의 화분에 꽃을 심는 날이 올 것이라고 굳게 믿으면서 말이다.

2014년 상반기에는 '누가 누가 잘하나' 화단 가꾸기 콘테스트를 열었다. 처음에 기본 장식으로 간략하게 만들어준 화분에 더 많은 꽃을 심어서 가꾸고, 집에서 놀고 있는 화분들을 가져와 작은 꽃밭을 꾸미는 가게들이 수상권에 들었다. 사거리를 늘 환하게 만드는 '블루베이 게스트하우스'와 '스케치' 옷가게, 돼지국밥집이 공동 우승을 수상, 10만 원 상당의 화초 구입 상품권을 부상으로 받았다.

'차 없는 골목으로 가자'고 약속한 골목임에도 끊임없이 주차하는 차들이 있어 제발, 부디 차를 주차하지 말자는 호소용 딱지를 매번 차 유리창 앞에 부착하는 것도 일과 중 하나였다. 한 대가 들어오면 그래도 되나 보다 하고 다른 차도 들어온다. 좁은 골목에서 자신의 가게 앞은 남의 가게 앞이 되기도 한다. 말로는 자기 가게 앞에 차를 댔다고 하지만 갑갑한 것은 마찬가지다. 누구의 집이든 가게의 쇼윈도 앞을 버티고 서 있는 차들은 이웃에게 민폐를 끼친다. 고급 승용차 한두 대가 고질적으로 골목을 주차장으로 삼아 뺄 생각을 않는다. 하지만 믿는다. 그들도 언젠가 차를 골목에서 이동할 것이라고 굳게 믿는다. 처음부터 완벽한 협조란 없다. 천천히, 서서히 변해가는 것이다. 저녁노을이 천천히 퍼지며 바다를 아름답게 물들이듯 그렇게.

어떤 딱지

아름다우신 차주님께

죄송하지만 이곳은 무료 주차장이 아니라, 골목 주민들과 통영시(푸른통영 21)가 마음을 모아 낡아가는 구도심 재생을 통해 조금이나마 지역 상인들 영업에 도움이 되도록, 마을 만들기 사업을 진행하는 소중한 소통 공간입니다.

사람이 찾아오는 거리 조성을 통해서 상가에 활기가 넘치도록 제발 좀 협조해 주세요.

추운 겨울을 제외한 계절이면,

두 번째와 네 번째 토요일에 강구안 골목에서는

프리마켓이 열린다.

무언가를 꼭 사지 않아도 구경하는 재미가 쏠쏠하다.

물론 사면 더 좋고!

통영 강구안 푸른 골목 만들기

동피랑을 위한 변명

'누말 따나' 떠도 너무 떴나보다, 통영 동피랑 마을.

대상이 사람이든 건물이든 혹은 상황이든 간에 사람들의 입살에 자주 회자되면 반드시 껄끄러운 씹힘을 당한다. 물론 소요가 있는 곳에 민주가 있다고 믿는 축이므로 대부분의 소음이야 대응할 바가 없기도 하지만 소위 전문가라고 하는 식자들의 평가가 전문가답지 못하고 현장을 모른 채 말을 위한 말을 해댈 때는 한탄조의 냉소를 보내게 된다.

많은 사람들이 동피랑을 다녀갔다. 벽화그림 앞에서 사진 찍기 좋아하는 사람들은 물론이고, 선진지 답사라는 목적으로 견문차 다녀가는 단체 방문객들도 많다. 물론 도지사도 이 마을을 알고 안전행정부 장관도 알고 도시학회에서도 잘 안다. 와서 듣고 보고 각자 느낀 대로 가늠할 것이다. 군이 지원 단체의 설명을 원할 때가 많아서 손님을 맞으러 동피랑에 자주 나간다. 현재까지의 잘된 점과 잘못된 점을 가감 없이 말해준다. 그것을 들으러 멀리서 시간과 돈을 써서 왔으니까. 지자체가 오면 웬만하면 벽화 조성을 하지 마시라고 하고, 마을 만들기 팀에서 오면 버릴 것은 버리고 취할 것만 취하라고 속내를 숨기지 않는다. 흡사하게 모사할 수는 있으나 내용이 다르므로 같을 수는 없을 것이라고.

동피랑 주민의 삶의 불편을 볼모로 잡고 지원 단체가 무슨 큰 이문이라도 보는 것처럼 오해하는 사람들이 가끔 있다. 한번이라도 동피랑에서 자원봉사를 해 본 사람들은 물론 아니다. 지나가는 귀동냥으로 한두 마디 들은 것으로 전부를 재단하기를 서슴지 않는다. 사고의 경박함이 놀랍다.

그림쟁이들이 전봇대에 그려놓은 '제발 좀 조용히 다니라'는 동네 할머니의 말 한마디로 '과연 누구를 위한 마을 만들기인가' 하며 논하는 이도 있다. 그 단순성이 명쾌하여 또 놀랍다. 그러면서 덧붙인다. 마을 만들기 사업을 하면서 포장되어져 자꾸 숨겨지고 있는 '주민의 고통'에 이제는 귀를 기울여야 할 때라고.

책상머리 전문가들은 떠든다. 주민참여형, 혹은 공공주도형 마을 만들기를 운운한다. 그 형이 옆집 사는 형님인지 동네 깍두기 형인지 나는 알지 못한다. 다만 그런 문자형 마을 만들기는 논(論)이요 설(設)일 뿐이라는 것은 분명히 안다. 실패하는 대부분의 사례가 논에서 설로 끝나는 이들이 모여 있기 때문이라는 것은 전국의 몇 개 사례만 훑어보아도 알 수 있는 것들이다. 그럼에도 부러진 나뭇가지를 하나 발견하고 숲 전체를 매도하기를 서슴지 않는 이들이 많다.

마을은 누가 사나. 붙박이들과 뜨내기들이 등과 칡처럼 얽혀 갈등으로 산다. 때로 등꽃이 화려하게 피기도 하고 수수한 칡꽃을 피우기도 한다. 마을은 살아 움직이는 유기체다. 누구도 한순간을 보고 결정할 수도 없고 단언해서도 안 된다. 우리가 보태줄 수 있는 것이 있다면 바람과 인내다.

마을엔 주민들이 산다. 아무리 지자체나 정부가 돈으로 회유하려고 해도 마음이 안 움직이면 안 되는 곳이 마을이다. 촌놈들이 돈 준다니까 덥석 물었고 대충 하다가 보니 주민들은 따로국밥이더라, 이런 논평을 말할 자격을 가진 사람은 현장 활동가뿐이다.

마을의 주인은 주민이다. 마을을 새롭게 가꾸어보자는 구체적인 제안이나 설득은 공무원이나 지원 단체가 할 수 있어도 어디까지나 선택은 주민들의 몫이다. 그 사람들은 바보가 아니다. 지금까지의 비난을 분석해보면 그 마을엔 사람이 한 사람도 없는 것처럼 무시한 데서 비롯된 편견이 태반을 차지한다. 그 부분이 나를 분노케 한다. 마을 만들기에서 한걸음 한

에필로그

계단 오르느냐 후퇴하느냐 매 순간의 결정도 주민들이 한다. 그 사이에 담당 공무원과 지원 단체가 해석을 하고 격려하고 향방을 제시할 수는 있으나 선택은 오롯이 주민들 몫이다. 동피랑 민관합동회의가 매월 한 번씩 빠짐없이 열리는 이유가 그것이다.

물론 회의는 소통을 목적으로 한다. 소위 커뮤니티 디자인의 개념이다. 우아한 개념과는 달리 마을의 현장은 땀과 소음과 고함으로 얼룩지기 예사다. 한 번도 조용한 회의를 한 기억이 없다. 그러면 또 주변인들은 말한다. 회의도 제대로 안되고 엉망이라 카더라, 운운. 그것이 마을회의의 현주소다. 지지고 볶고 싸우고 화해하고 오해와 이해가 날마다 횡행한다. 그럼에도 합의하여 한 방향으로 나아가는 것. 그것이 마을 만들기의 현장이다. 과정이 울퉁불퉁하다고 해서 마을에 대해 호불호와, 결과를 예단하는 습관은 그다지 쓰일 데가 없다.

동피랑 벽화마을과 연대도 에코아일랜드, 지속가능발전을 주제로 한 마을 만들기의 국내 대표 사례라고 한다. 글쎄 두 마을은 여전히 현재 진행 중이므로 동의하기 어렵다. 다만 지원한 정부부처의 입장에서 몇 차례의 현장실사 끝에 만족할 정도라니 고마울 따름이다. 중요한 것은 주민들의 의식이 조금씩 변하고 있다는 것이고, 민주적 과정을 거쳐 합의를 도출한다는 것이다. 마을의 결과를 주민들은 낙관하지도 비관하지도 않는다. 다만 함께 마음을 모아서 잘 가보자는 중론이 있을 뿐이다. 주변인들이 걱정하는 것 이상으로 주민들이 먼저 고민하고 있다.

마을 일을 10년 가까이 하며 얻은 결론이 있다면, 마을 만들기는 그 시작도 끝도 사람이 전부라는 것이다. 짧지 않은 기간 동안 마을 활동가로 해온 일을 돌아보면 누군가와 관계 맺고, 엉킨 관계들을 풀고, 그 관계들을 바탕으로 또 다른 사람을 만나 새로이 관계 맺는 일의 연속이었다. 사람 안에 늘 답이 있었다. 그러나 한편으로는 늘 문제의 시작도 사람이었다. 오늘도 그 속에 있음을 가슴 시리게 느낀다. 그렇다고 웅크리고 있기에는 함께한 사람들, 함께하고픈 마을들이 너무 많다.

마을은 하나의 도시, 나라를 구성하는 가장 작고 기본적인 생활과 정서의 단위다. 마을이 무너지면 사람들의 삶이 흔들리는 것은 물론, 도시도 나라도 온전할 수 없다. 바로 당신과 나, 그리고 우리를 위해 마을은 지켜져야 한다. 마을의 가치, 그리고 그 마을 안팎에 있는 사람의 가치가 결코 평가절하되어서는 안 된다. 벽화를 보았다고 마을을 다 본 것은 아니다. 벽화 작업이 끝났다고 마을 만들기가 끝난 것도 아니다. 마을에 사람이 있다. 부디 벽화가 그려진 담벼락만 보지 말고 그 너머를 보시기를 당부한다. ✱

에필로그

도서출판 남해의봄날 로컬북스 06

이웃한 도시라도 자세히 들여다보면 서로 다른 자연과 문화, 아름다움을 품고 있습니다.
독특한 개성을 간직한 크고 작은 도시의 매력, 그리고 지역에 애정을 갖고 뿌리내려 살아가는
사람들의 이야기를 남해의봄날이 하나씩 찾아내어 함께 나누겠습니다.

동피랑 벽화마을에서 시작된 작은 기적

춤추는 마을 만들기

초판 1쇄 펴낸날 2015년 1월 30일
초판 4쇄 펴낸날 2019년 3월 30일

지은이 윤미숙

편집인 장혜원^{책임편집}, 박소희, 천혜란
디자인 그라필로그
일러스트레이션 김승연

종이와 인쇄 미래상상

펴낸이 정은영^{편집장}
펴낸곳 남해의봄날
경상남도 통영시 봉수1길 12
전화 055-646-0512
팩스 055-646-0513
이메일 books@namhaebomnal.com
페이스북 /namhaebomnal
인스타그램 @namhaebomnal
블로그 blog.naver.com/namhaebomnal

ISBN 979-11-85823-02-7 03330
© 윤미숙, 2015